U0355062

全家于 2008 年参加沈
岳斯坦福大学毕业典礼

沈岳于 2016 年在白宫参加
“总统创新学者”任职典礼

沈岳代表斯坦福大学
男子体操队参加比赛

沈岳在纽约华尔街
前的铜牛头上亮相

沈岳成长简历

成长求学

1986 年：出生于中国苏州。

1989 年：随母亲到美国波士顿市西郊牛顿市。

1997 年：牛顿市林肯－艾略特小学毕业典礼学生代表演讲人。

2004 年：牛顿市北高中毕业典礼学生代表演讲人。

2004—2008 年：本科就读于斯坦福大学。

2006 年：自费编辑出版《斯坦福大学精神》一书。

2007—2008 年：斯坦福大学学生组织波尔刚基金会创始人、总裁。

2008 年：获得斯坦福大学科学学士学位，荣誉毕业生称号。

2009 年：获得斯坦福大学科学硕士学位。

训练竞赛

1992 年：在麻州（马萨诸塞州，简称“麻州”）体操中心开始体操训练。

2002—2004 年：麻州高中男子体操锦标赛全能冠军。

2003 年：美国体操锦标赛男子全能第六名，当选美国男子青少年体操队成员。

2004—2009 年：斯坦福大学男子体操队成员。

2009 年：美国大学生体操锦标赛男子队团体冠军队成员（男子体操队共同队长之一）。

求职创业

2009—2010 年：斯坦福大学日报（独立法人）出版社总经理。

2011—2013 年：在硅谷与其他两人共同创办“快乐搭车”（RideJoy）。

2013 年：当选白宫“总统创新学者”（美国史密森尼博物馆网络技术顾问）。

2016 年至今：创办网络小项目咨询服务公司（Ship Your Side Project）。

2017 年：在纽约市与人创办“Headlight”公司，并任公司总裁。

施展才华

2009 年至今：开通个人博客网站——逆袭艺术：发展竞争优势（www.jasonshen.com）。

2013 年：受邀在美国“破产公司”年会上发表演讲——《如何离开新创公司？》。

2014 年：受邀在美洲国家开发银行华盛顿特区总部举办讲座——《如何设计令人瞩目的公司博客？》。

2014 年：受中国苏州大学团委邀请，举办讲座——《从斯坦福到硅谷：我的青春在出发》。

2014 年：受邀在马来西亚吉隆坡环球创新中心举办讲座——《新创公司的风险与挑战》。

2016 年：美国阿拉巴马州公关协会年度大会特邀主题发言——《赢者通吃时代的竞争》。

2016 年：设计并主持社交网络调查并发布《美国亚裔男士状况调查》报告，引起主流媒体注意。

2017 年：当选白宫“总统创新学者基金会”董事会成员。

2017 年：修订并主持社交网络 2017 年度《美国亚裔男士状况调查》。

2017 年：应邀参加葡萄牙里斯本举行的国际产品经理会议，举办讲座——《产品管理人员的五种风格》。

2017 年：应邀参加在纽约市 TED 演讲总部活动，举办讲座《重新评估技术人员的潜能》。

大夏书系·家庭教育

最好的教育在家庭

——斯坦福创业男沈岳成长启示录

沈安平 著

献给我的妻子，

没有她的爱，

就没有我们的家，

也就没有沈岳的故事。

也献给我和我妻子的父母亲，

没有他们的关爱和养育，

就没有我们幸福且有意义的人生。

目　录

序 1　感恩人生

沈安平

这本书最初设想于2004年年初。2003年秋，就读于高中12年级的沈岳以优异的学习成绩和杰出的体操才华，被斯坦福大学优先录取了。

2000年《哈佛女孩刘亦婷》一书横空出世，且在相当一段时间内成为家教书籍市场的宠儿。如果我当时真要写书，《斯坦福男孩》的书名是顺理成章的。

然而，十多年来，这一出书计划始终没有实现。现在回想起来，除了个人时间、精力和写作方面的挑战之外，我还面临着一个很大的困惑：沈岳个性鲜明，成长过程也不是一帆风顺，如何讲述他的故事，要向读者传达一个怎样的主题，我始终拿不定主意。

不可否认，沈岳被斯坦福大学录取是他成长过程中的一个里程碑。但是，沈岳的成长过程无法为一所大学的录取所涵盖，哪怕这是一所在美国乃至世界知名的大学。

沈岳童年的成长经历是丰富多彩的。他从小就是个多动的孩子，并没有在国内托儿所里成为老师心目中的“好孩子”。三岁来到美国后，他还一度被学校老师看成是有特殊教育需求的学生。沈岳从童年开始似乎就“输在了人生的起跑线”上。此后，每当沈岳攀上一个人生发展的台阶，新的挑战似乎又在等待着他。

面对沈岳独特的成长过程，我一直没有找到一个恰如其分的主题来真正启动写作此书的计划。更何况，沈岳的发展始终处在进行状态。就这样，这一写书计划断断续续了十多年时间。现在回头来看，这是一件好事。

2009年，沈岳已在斯坦福大学求学五年，获得了生物科学的本科和硕士学位。然而，沈岳断言："我不会在生物学科或医学领域寻求自己的职业发展，我要到企业界去试试。"

我对沈岳说：你可以用两年时间到企业界闯荡一番，这样你可能对自己今后的职业发展有更清晰的认识。

转眼间，沈岳大学毕业已经工作八年了。他的人生和事业发展日新月异、精彩纷呈，虽不是一帆风顺，也不能说功成名就，但是他对事业和人生的豪情不减，思想方法和实践能力也日趋成熟。在沈岳进入三十而立之际，我想可以与读者分享一下沈岳的成长故事了。

回顾沈岳30年的人生历程，作为一个父亲，我感到自豪。同时作为一个职业教育人，我的家庭教育观和儿童教育理念也随着他的成长过程逐步得到丰富、开拓和深化，自己的人生观也由此得到升华。

我确认了家庭教育的重要性。家庭是儿童成长的土壤，这是毋庸置疑的。但是，家庭教育的终极目标是什么？

家庭教育的终极目标是让孩子身心健康、幸福成长。学业优秀，考取大学，甚至是名牌大学，可以看成是孩子成才和成功的一个标志，但并不是唯一的标志，也不是孩子幸福人生的最重要的基石。

家庭教育的目标应该是帮助孩子在成长的过程中打牢基础，以便能让孩子在成才、成功特别是成人的道路上自信地前行。如果孩子在成长过程中发挥出自己的潜能，成为一个对个人、家庭和社会都有所贡献的人，那家长就可以说是完成了自己的使命了。

沈岳以优异的学业和才华进入了斯坦福大学，按照传统家教观念，或许可以说是"成才"和"成功"了，但是否可以说是"成人"了呢？这就是我当年尝试写书时所面临的困惑之一。

孔子曰：三十而立，四十而不惑，五十而知天命，六十而耳顺……我们的老祖宗告诫我们：十年树木，百年树人。人生成长是一个需要时间考验的大课题。

2009年，沈岳真正开启了自己的人生和职场道路，他的人生发展出现了一些我们始料未及的事情。对于我这个热心于教育的父亲来说，这是一个新的思考和丰富自己家庭教育理念的机会。

沈岳出生于中国，成长于一个海外华人家庭，同时也是华人家庭与美国的学校、文化和社会互动的结果。所以沈岳的成长故事，既是他个人的故事，又是我们这个华裔家庭的故事，也是他接受美国学校教育、美国社会文化影响的故事。为了使这些故事更加真实，更富于感染力，我在书里大量使用了沈岳的原话和原文。因此可以说，沈岳也是本书的共同作者之一。

当然，这些原话和原文基本上是以英文为主，我尽量忠实地把这些英文翻译成中文，希望读者在阅读这本书时，能够基于沈岳的独特个性和成长环境来理解。尽管每一个孩子是不同的，每一个家庭也是不同的，但我还是衷心希望这本书能够给读者带来一些新的家庭教育知识和思考，让读者体会到亲子之间的亲情交流、互相帮助、共同成长的家庭乐趣和幸福。

本书中所有玛利亚·蒙台梭利的引言均出自天津社会科学院出版社2010年翻译出版的“蒙台梭利儿童教育经典原著”丛书：《有吸收力的心灵》《儿童的自发成长》《童年的秘密》和《发现孩子》，在此感谢这套经典教育丛书的译者和出版社。

我也要借此机会向蒙台梭利这位令人敬佩的教育先驱表示自己最诚挚的崇拜之情。玛利亚·蒙台梭利（1870—1952）是意大利的著名医生、教育家、思想家与慈善家。作为一个在当时受到歧视的女性医生，她通过自己一生坚持不懈和艰苦卓绝的学习、实践、再学习、再实践，完善并推广了儿童健康成长是教育过程的中心和主导因素的理念。

蒙台梭利确立了两个基本教育理念：

所有儿童的成长必须是自主的。儿童成长和学习过程中的自主和独立精

神能够帮助他们充满自信，并自发地、有效地、持久地学习和健康成长；

所有儿童都必须受到尊重。只有获得尊重之后，儿童才能自主快乐地学习，并在这个过程中认识并发挥出他们各自的潜能，成为身心健康并对个人、家庭和社会有所贡献的成员。

沈岳就是这种人文教育理论和实践的受益者之一。

华东师范大学出版社朱永通老师以及出版社其他同仁的多方帮助，使我能够安心完成漫长的写作过程，在此向他们表达我诚挚的感谢！

我要借此机会感谢吴娟女士为全部书稿多次提出的宝贵修改意见，王静女士在本书文字编辑方面提供的帮助。

我们全家人对我的写作过程给予了充满爱心的理解和支持，这本书是我们全家精诚互助的作品！这本书漫长的写作修订过程，也使我一次又一次地切身感受到家庭爱心的温情，并由此萌生了刻骨铭心的感恩。我在此也祝福所有努力营造美好家庭的人们！

2016年7月

序 2　感恩父母

沈　岳

每个人都是由他身边的人、他的出生地，以及他的人生经历塑造而成的。当我审视我现在的人生状况时，我非常清楚我的成长过程受到了我的母亲、父亲以及我的出生国——中国和我现在的居住国——美国的影响。

我的母亲是一名体操教练和学校教师。她总是充满活力和热情。无论是给学生示范一个动作，讲解一个内容，还是讲述一个故事，她的方式经常是富于戏剧性和表现力的。我张扬的身体语言也经常使人发笑，引起他人的注意。我很喜欢上台演讲或在公众场合发言，像我的母亲一样，我有时候也同时在做好几件事情。我继承了母亲喜欢与他人保持亲密人际关系的特点，也很幸运地得到了世界各地朋友的关爱和支持。此外，我和母亲一样，不愿意在生活中得过且过。对那些我真正关爱的朋友们，我会鼓励他们，激励他们，努力推动他们前行。

我的父亲是一名政府公职人员，也是一位学者。他是一个非常好学和勤于思考的人，对遇到的每一个人和每一件事都会进行思考。我的父亲对我的专业学习和职业工作非常关注。不管我是学习生物学，还是研究哲学和电脑课题，我都能从他的询问中看到他开放的思维和对知识的追求。同时，他也喜欢与人热烈地讨论问题，让我受益匪浅。正因为成长于一个非常艰难和动荡的年代，我父亲总是积极地从正反两个方面来看待问题。我的朋友也是如此评价我的：尽管有一个“强悍”的外在形象，却有着比较随和的性格和从不言败的自信，这些都来自我的父亲。

像我父亲那样，我也喜欢立意良好的竞争。只要我们大家都能从友好的竞赛和拼搏中得到快乐，我并不在乎一次又一次参与面对面的竞赛。哪怕经历了许多次的失败，我也在所不惜。每次跌倒之后，我仍然会站起来，力争下一次的胜利。

当我的视野从家庭转向社会时，我意识到了中国和美国的文化与思维一并糅合进了我的个人意识。例如，尽管我的自信心很强，但还是努力地工作，并保持着谦逊的态度；我尊重公司里那些地位、职务比我高的人，并承认他们的经验和能力，并不会只要有机会就去挑战他们。我也不惧怕一遍又一遍地修正我的工作，直至达到满意的程度。

我体会到我对父母亲怀有一种深深的感激和责任，这种心态远远地超过了我的那些美国朋友。

在这个我度过了几乎全部前半生的美国，它在人生的方方面面塑造了我，其中最突出的就是美国加州硅谷的价值观念。我学到了重复他人的行为是不会有创新的，走出自己的路才能最有效地把命运掌握在自己手里。我学到了要敢于发声，哪怕有的时候你可能发出了不和谐的声音。只有如此，你的言行才可能引起他人的注意，得到人们的承认或奖赏。我也学到了敢于采取冒险行为极有可能使你全军覆灭，对陌生者敞开心胸则可以使你得到意想不到的收获。

我非常庆幸我的父母亲对我既严格又关爱，使我的童年生活里既有爱护又有督促，同时还要感谢他们对我人生探索的鼓励，以及对我在人生与职场发展中的冒险经历和探求机遇的充分理解。

我的父亲经常思考和反省我们的家庭生活，特别是考虑各种不同文化之间的兼容并蓄，以及如何创造一个健康、快乐和成功的人生。从我父亲那里，我学到了如此之多的人生观，特别是如何克服挑战，并在成功时保持清醒的头脑。

我知道父母亲把我抚养成人是很不容易的，因为要做好孩子的家长是人生中最困难的事情之一。我希望你在阅读这本书之后，和孩子的交流会更加亲密，增加自己的勇气和激情，并在帮助孩子创造健康、快乐和成功的生活的同时，能充分享受到自己人生以及家庭生活的乐趣。

2016 年 5 月

序 3　人生就是远游

沈　茂*

人生就是远游

人生就是去远游，山涧攀高也下坡。
崎岖山路穿密林，一不留神要摔跤。

但是野径通四方，带你远去无人处。
见到美景要留步，观赏风景闻花香。

人生之路会分道，岔路口前选好路。
人生之途有艰难，也有美景和仙境。

谁能预测人生路？人生定要充实度。
敢问你向何处行？

---

* 沈茂是沈岳的妹妹，这是她初中六年级英文课中一篇作品的翻译。

Life Is A Trail

Life is a trail,
a hiking trail
with ups and downs,
with rough ground and thick forests
and once in a while you might trip and fall.

But the trail may take you to places,
no one has been there before.
Or will take you through beautiful scenery
where you should stop and take a break
to enjoy the view and smell the flowers.

Soon or later, the path will split
a fork in the road, take one or the other.
Though roads may be hard,
it might lead you to places of beauty and wonder.

Who knows? We must live life to its fullest.
Where will you go?

第一章　成长篇

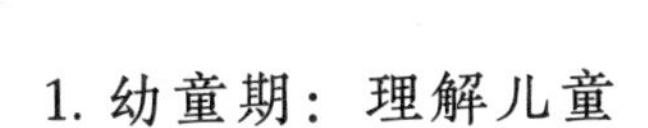

1. 幼童期：理解儿童

2. 少年期：共建新家园

3. 青春期：构建自我意识

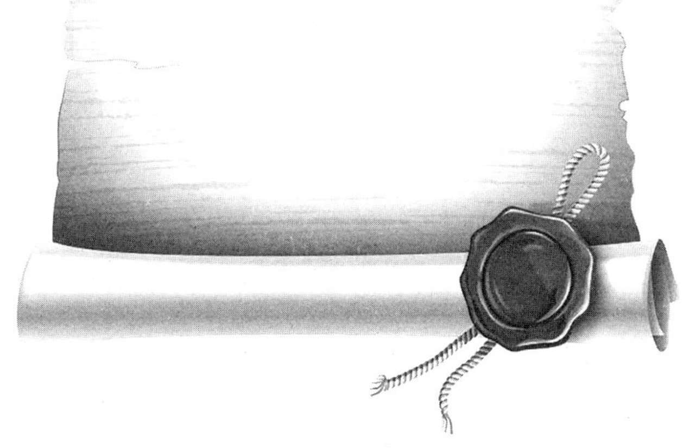

1 幼童期：理解儿童

无知是我们最大的敌人。我们知道如何在贝壳里寻找珍珠，如何在矿山中挖掘金子，如何在地下开采煤矿，但是我们却对人类的精神世界一无所知，对潜藏在儿童内心的创造力一无所知。要知道，儿童们来到这个世界的目的就是改变世界，推动世界。

——［意］玛利亚·蒙台梭利

爱心成就家庭

“毛时辛的家属在吗？”

“毛时辛的家属在吗？”

医院产房门外，护士在大声地喊着，但是没有人回应。我的儿子已经来到了这个世界，而初为人父的我，却正趴在产科病房床上迷迷糊糊地睡觉。睡梦中，我正在苏州大学的操场上，为我的学生在校田径项目比赛中加油鼓劲。当时学校正在举办全校运动大会，作为大学的年级任课教师和兼职辅导员，我当时脑子里想的都是如何把全年级参赛运动员的积极性调动起来，争取在校运动会上取得好成绩。

在朦朦胧胧的睡梦中，我觉得有人推了我一下，于是就迷迷糊糊地睁开双眼，却不知道自己身在何处，不知道时辛已到“地狱”里走了一遭，更不知道我已经成为了一个父亲。

从一开始，我就没有以合格的成绩取得做父亲的资格。幸运的是，我有一个充满爱心的人生伴侣。

我的妻子毛时辛和我都是苏州大学的青年教师，先后于 1977 年和 1978 年以优异的成绩通过高校入学考试进入大学就读本科。虽然我们都是考生中专业成绩最优者，但由于“超龄”，以及各自专业（体育和外语）都“需要”低于 22 岁的考生，我们没有机会进入最心仪的大学。即使被当时还没有改名为苏州大学的江苏师范学院录取，似乎还是得到了年龄上的“优惠”。由于极其优秀的专业成绩和综合表现，大学毕业后，我们都留校担任专业课教师，先后又兼任了学生管理工作。时辛兼任班主任，我兼任年级辅导员，都是所谓“双肩挑”的青年教师。

我们是通过大学同事介绍认识后结婚的。我那时特别忙于工作，同时是一个缺乏基本人情世故的“老夫子”。我和时辛的恋爱过程可以说是没有任何浪漫气息，结婚形式也非常简单，在同事之间发了一点喜糖就算结婚了，更没有“蜜月”旅行。我由于有十年农村插队的“工龄”，在学校结婚分配房子排名上名列榜首，有幸分到学校原平房仓库改建的一小间结构简陋的婚房。后来，同事来我家提起我们的结婚照，我只是简单地说很忙，没有时间去拍照，当时甚至没有想到这是一个重大的“失误”。直到结婚20年之后，我们才找到机会弥补这一遗憾！

时辛的十月怀胎可谓一波三折，她先后有两次先兆流产现象。作为体育教师，她既要上课，做学生工作，还要挂念家里洗买烧的事情，每天里外奔波，几乎没有喘息的机会。孕期一开始，她就有比较明显的妊娠反应，基本上是吃什么就吐什么。她还要去上课，又不能不吃，真是苦不堪言。而我是一个不合格的丈夫，基本从不过问家里的琐事，冠冕堂皇的理由是“工作要比小家庭更重要”。

当代社会的行业分工越来越精细化，对专业知识和职业资格培训的要求越来越高；但是作为人类社会最原始分工的家庭职责、家长的职业资格要求却似乎并没有与时俱进。我当时压根儿就没有想到要成为一个合格的丈夫和父亲，还要有一段漫长曲折的学习过程。

而我们的儿子沈岳在出生前也向我们“声明”了，他不会是一个“循规蹈矩”的孩子！

时辛怀孕后期正值初夏季节，每当我和她外出散步时，她经常要停下来把我的手放在她隆起的腹部上，要我顺着她腹部的蠕动起伏来体会胎胞里儿子的身体运动。看起来沈岳在母胎里伸拳踢腿，急不可耐地要到这个世界来“大显身手”。当时我这个准爸爸对尚未出生的儿子如此大幅度的“运动”只是觉得新奇有趣，全然没有想到我们的儿子来到这个世界以后会经历怎样的成长道路。

由于时辛分娩等待时间太长，已经有了虚脱的症状，妇产科医生准备采用人工剖腹手术，但是手术室已经排满了，最后只好采用助产器具来帮助分娩，这又增加了她所遭受的痛苦。数十小时后，沈岳终于“突破重围”来到这个世界。时辛也觉得自己好像到“地狱”里走了一回。几年后，当我让时辛考虑再生一个孩子时，她断然拒绝！时辛需要数年的时间来慢慢克服当年“地狱”之行留下的巨大心理障碍。心理学家告诉我们，创伤后遗症需要较长的时间和良好的内外因素结合，才能有效地治愈。

但是，对获得了自由的沈岳来说，他“大显身手”的机会到了！

沈岳是五月中旬出生的，不久南方的夏天就来临了。到了盛夏，南方的天气闷热高温。睡在小摇篮里的沈岳，显然已经觉得他的摇篮世界太拘束了。只要一睁开眼睛，他就开始蹬着两条小腿，朝天踢个不停。任何盖在他身上的东西转眼间就被他踢掉。显然，他继承了妈妈体操运动员的基因，身体各部位的关节特别灵活，给他换尿布或是穿衣服的时候总是要小心翼翼，因为他的身体既柔软又好动，一不小心，他就会东碰西撞。我换尿布的水平特别低，每次不得已给他换尿布时总是手忙脚乱，顾此失彼，最后往往以到邻居家去讨救兵的方式来结束这场“换尿布”的苦差事。

夏天，沈岳可以赤身露体，充分享受自然，但是天凉之后，问题就来了。苏州的冬天，室内是没有暖气的，夜晚的室温有时低到摄氏零度上下。晚上睡觉我们就给沈岳扎上婴儿襁褓，并捆得严严实实的。即便如此，到了半夜，他的手脚还是时常挣脱出来，并享受着“解放”后自由行动的乐趣。

在还没学会走路时，沈岳就忍不住要四处奔跑了，往往不是这里摔跤，就是那里碰撞。当时适逢夏天，他身上总是伤疤不断。一岁之后，我们经过多方打听，终于想尽办法把他送进了本地一所市级医院办的托儿所。

这是一所口碑不错的托儿所，设备比较齐全，每天还有一定的教学活动。但是沈岳总是坐立不安，特别是课堂活动时。教室里不管发生了什么“坏”事情，似乎他都脱不了干系。每次我们下班去接他，老师总忘不了要加一句：“你们的孩子怎么就是坐不住啊！他今天又是……”老师的那些叙述表面上是“汇报”，但我们总觉得他们的潜台词就是在“告状”：你们的孩子怎么搞的，就是不听老师的管教。

有一次，托儿所老师看见沈岳又坐立不安，就把他放进了教室角落的一个木栅栏里。这既是让孩子安静下来的方式，同时也是对孩子的一种“惩罚教育”。后来班里孩子都到室外活动去了，只把他一人留在了栅栏里。等到老师回来之后，他们惊奇地发现，沈岳已经在栅栏外跑来跑去了。老师觉得很奇怪：沈岳到底是怎么出来的？ 于是老师又把沈岳放进木栅栏里，然后躲在门后观察。不久，他们就看见沈岳把他的一只脚搭在木栅栏的上面，然后用两只手抓住栅栏架的最上层，两手一用劲，抬起小腿，一个翻身就爬出了栅栏。不经意中，沈岳就“创造”出了幼儿园的一个纪录：一个两岁的孩子能够只身翻越爬出教室里的栅栏。

有一次，老师在教唱一首儿歌，刚教了一两遍，沈岳就心不在焉，手舞足蹈。老师就立刻叫他站起来把这首新歌当着全班孩子的面再唱一遍，显然有“杀鸡儆猴”的意思。谁知道，沈岳站起来几乎一字不差地把这首新儿歌唱了出来。

托儿所老师告诉我们这些事情时，我们总是觉得既好气，又好笑。但是不管怎么说，沈岳从小就成了一个“不守规矩”的孩子。他活泼多动的个性和灵活的身体条件，从一出生就给我们带来如此多的烦恼、忧虑和窘迫。

有时，我和时辛在一天的紧张工作后已经疲惫不堪，去托儿所接沈岳回家时，还要忍受老师评说他的各类“不佳表现”，我们心里总有一股难以形容的苦恼和焦虑。我们当时最大的愿望就是沈岳将来能够逐步成为一个安分守己的“乖孩子”，这样或许可以给我们当教师的父母亲留点“面子”。

沈岳半岁时，我们开始给他读婴儿图书。也是在此时，沈岳显示出了对图画和语言的兴趣。沈岳两岁之后，时辛总是在他睡觉前给他讲读情节生动活泼的长篇连环画故事《尼尔斯骑鹅旅行记》，他听得非常认真，而且听完之后基本上能够一字不差地复述出来。他后来喜好读书，记忆力强，与这段经历应该有着直接的关系。到美国之后我们才得知，父母在幼儿睡觉前给孩子读书并道晚安，是一般中产阶级家庭最通常使用的幼童就寝之前的亲子方式。

“我们不比孩子！”

沈岳两岁时，我被波士顿大学教育学院录取，并获得了教学奖学金（Teaching Fellowship）。我于 1988 年秋季离开苏州大学，到波士顿大学教育学院攻读研究生学位。一年之后，时辛带着三岁的沈岳来到美国陪读。我当时在波士顿西郊牛顿市①的一家老年公寓兼职夜间值班人员。我们三人在牛顿市居住后，自动就成为了本地居民。不久，当地市政府社区新移民家庭服务办公室人员主动上门了解我们有什么需要帮助，于是我们提出孩子三岁多了，是否可以上本地的托儿所。由于美国的公立学校是从六岁幼儿班开始，所以托儿所都是非公立的，当然也是要收费的。

当社区服务办公室人员知道我们无法支付相当于我一年助教工资的托儿所学费后，就想方设法帮我们联系到了一笔社区幼托学费补助。但是那家托儿所离我们住的地方较远，乘坐公共交通工具来去很不方便，社区服务办公室又设法为我们联系到了每日接送沈岳到托儿所的交通服务。本来这个交通服务是为一名住在同一条街的智障孩子服务的（美国联邦政府特殊教育法规定，公立学校对有智障的孩子从三岁起要提供免费公立学校教育），后来这辆车每天就顺道把沈岳捎带到托儿所。以后沈岳这段享受“每日专车”接

---

① 牛顿市是美国十万人口以下的中小城市中的“明星城市”，它以环境优美和高质量的教育体系而知名。牛顿市一向是白人居民占绝大多数，其中最大的族裔是犹太人。第二大族裔是亚裔人口，其中主要是华裔。20 世纪五六十年代主要是来自波士顿城市早期移民的粤语华裔中产家庭，后来是我国台湾来美求学并定居的华裔家庭。从 20 世纪 90 年代开始，中国大陆赴美求学并定居的家庭开始陆续进入牛顿社区。据近年来的不完全统计，亚裔人口占牛顿市人口的 15% 以上，其中绝大部分是华裔人口。——作者注

送上托儿所的经历，成了我在谈及美国公立学校教育“雪中送炭”的真实事例。1997年夏，我作为联合国教科文组织资助的教育顾问到北京国家教育行政学院交流，看到当时有不少建筑民工住在马路上，听说民工的孩子不允许在当地学校就读。于是，当我有机会与北京市教委的有关人员交流时，我特意告诉了他们，作为“外来家庭”的孩子，沈岳在牛顿市上当地托儿所每天专车接送的经历。

沈岳刚到托儿所的时候，因为交通不便，我们并没有与老师直接见面联系。几周后，我们接到托儿所打来的电话，要我们去托儿所与沈岳的班级老师进行一次面谈。

鉴于在国内的时候，一般都是孩子在学校“出问题”了，家长才会接到学校通知去和老师“谈”。所以，我们对于到美国后与老师的第一次面谈，心中完全没底。想到沈岳在国内时，托儿所老师对他的反馈一般是以批评为主，我们不免担心是不是他在学校里又出了什么差错。

后来我们才知道，其实这是美国学校与学生家长交流的常规措施。一般在开学之后，学校都要安排家长与任课教师见面。这种见面一般称为“教师见面会”（teacher conference）。记得当时我们一路上惶恐不安，不知见到老师后应该说什么，不知沈岳在托儿所的表现如何，特别是美国的幼儿教师会如何评价他。来美国之前，我们早就听闻美国的孩子（特别是男孩子）都是比较活泼好动的，那美国的幼教老师是否会对沈岳“手下留情”呢？

与班级老师见面之后，老师说沈岳初来乍到，对许多东西很有兴趣，但是不太善于和其他孩子交流。在老师讲故事时，他有时会站起来四处走动。老师说可能是因为沈岳的英语能力比较差，因此希望我们家长在家里多与孩子用英语交流。

托儿所老师叙述时面带微笑，口吻亲切，没有任何责备之意。我和妻子的紧张情绪开始平静下来。

当托儿所老师问我们有什么问题时，我们急不可耐地脱口问道：“沈岳和班级其他孩子相比，表现如何？”“我们这里不比孩子！”老师平淡率直地回答。我们两个人愣了一下，不知该如何继续交谈下去。出于礼貌，我们也就没有追问沈岳在班级里到底表现如何，虽然我们觉得孩子在学校表现的“好坏”应该是学校教育评估的“核心问题”。

鉴于与老师面谈的时间快要到了，我们就赶紧把第二个“重点问题”转弯抹角地抖了出来：班级的老师是否“喜欢”沈岳？当听到老师说沈岳是一个非常“可爱的”（adorable）孩子时，我和妻子对视一下，会心地笑了。

来美国多年之后，我们才知道，用这样的词语来形容孩子是美国学校教师的口头禅。因为对美国托儿所的老师来说，所有孩子都应该是可爱的。如果不认为孩子“可爱”的话，托儿所的老师是不会选择这样一个行业的。

后来，我们打听到沈岳的班级还有一位类似他这样的好动孩子。从此我们的心里就更“踏实”了，如果沈岳仍然是一个调皮好动的孩子，那他至少不是唯一的“出头鸟”了。

我们当时希望儿子成为“乖孩子”的愿望，已经成了根深蒂固的心理纠结！

在以后的上学时间里，沈岳活泼好动的性格并没有太多改变。尽管有时他免不了会碰到一些小麻烦，如在学校的走廊里奔跑，碰撞到了其他孩子而招致老师的批评。慢慢地，沈岳的多动特征在社区托儿所和学前班引起了老师的注意，但是并没有成为一个特别“出格”的问题。美国的学前教育以学生自由活动为主，没有什么正规的课堂教学。而且，教室布置得完全类似于儿童娱乐活动场所，四周都是玩具，墙壁上都是学生的各种绘画和手工艺术作品，地上铺设的全部是地毯。因此，学生可以坐着或躺着听老师讲故事、唱歌和做游戏。

考虑到沈岳是因为享受了社区提供的财务补贴才有机会每天由小车接送上托儿所，所以我们觉得应该好好珍惜这个早期教育的机会。我们尽量与托儿所的老师保持联系，并主动参加沈岳的学习活动。平时我们没有机会直接到托儿所接送沈岳，所以就用一本小册子和老师保持联系。如果有问题或有什么情况，老师就书写在小本上，我们则通过这个小册子与托儿所的老师交换意见。

当我们与学校沟通并为沈岳的多动性格表示担忧时，学校的许多老师总是会说：“那就是他的个性，他会有出息的。”（That’s just his personality，He will be a great kid.）从老师真诚的语气中，我们看到了他们对沈岳的喜爱和理解，这给了我们极大的安慰。

“我们不比孩子！”这句话让我和时辛卸下了为沈岳在学校的多动行为担心的重担，也成为在我这个曾经是教师的头脑中挥之不去的疑问。

当年我在苏州大学时是专业教师，兼任年级辅导员，所以特别重视学生的专业学习状况和成绩。我专门让从事电脑行业的弟弟帮我设计了一个软件，可以把全年级学生的各门功课成绩按照（我自己确定）课程的重要性（权重）转换成一定比例的数据，然后再综合起来，这样每一个学生都有一个 1 ～ 100 的综合学科成绩指数。如果所有课程考试成绩都是 A，那么这个学生的指数就是 100。按照指数的高低，我给全年级 100 多名学生排队，并根据学生成绩指数分成优、良、中、差四个等级。成绩指数在 90 以上的，属于学习成绩优秀的学生，我会对这些学生多加表扬，注意提拔他们成为班干部。如果学生干部的成绩指数低于 80，我就要给他们“敲警钟”了。如果他们的成绩指数低于 70，那我不仅需要督促他们，还有可能考虑“撤换”他们。

后来，我还把这些以“成绩至上”来抓好学生干部建设的做法作为我的辅导员经验与学校其他负责学生工作的干部进行了交流。当时，“教育就是评比”的理念在我的头脑中可谓是根深蒂固。当年我能够从插队青年跨进大学校门，难道不也是通过考试分数“比”出来的吗?

我当时全然不知学生的学习和成长是一个非常错综复杂同时又是交叉互动、很难量化的心理和学术评估过程。对低幼龄儿童学习的测试和评价，更是一个经典的教育难题。

自由创造的乐趣

美国儿童早期教育特别注重儿童的自由绘画活动。沈岳从幼儿班就开始了每周一次的绘画日记写作。学校专门为每个幼儿班孩子准备了一个大开本的硬面精装日记书。日记书的纸张是比较厚实、特别适合儿童铅笔绘画的白纸。每本日记书的扉页上，印着“我的日记：×××·×××所创作的故事和艺术”的标题。

在日记书的扉页后面，印着一段幼儿园教师所写的前言：

这本日记书记录着你们孩子的艺术和文字的表达内容，会跟随他的作者从幼儿班到一年级，然后再到二年级。许多幼儿班以及一年级开始时的故事可能是由孩子口述，并由班级老师写下来的。其他的故事可能是由你们孩子自己创造的，或是经过修改的作品。这本日记书可以为你们提供一个你们的孩子连贯的写作技能发展的过程记录。我们希望这些日记的写作能够激发孩子们的创造性，让他们知道这些艺术创作是自己的原创，是有质量、有价值的作品。我们希望你们也能够珍藏这本书。

这段话鲜明又精练地提出了美国儿童早期教育的核心思想。儿童需要通过自己所熟悉的独特的书画和文字表现形式来体现和发展他们的认知能力。教师的作用是帮助、欣赏并适当鼓励儿童的学习过程。在认知学习和发展的过程中，教师最注重的是孩子自主学习的方式和想象力的发挥。这种自主学习过程的最大优势是：孩子主导自己的学习，享受自己的学习，拥有自己的学习，同时也在创造自己的作品。

这种以儿童为主导的学习过程，其结果必然是五花八门、各有所长、参差不齐的，当然也就无法在孩子的学习过程和结果之间做任何有意义的、有价值的比较。

从这本记录了沈岳从幼儿班到二年级上学期每周一次的书画艺术日记中，我看到了一个鲜活灵动的沈岳，以及他当时的真实思想、艺术表现和幻想世界。沈岳从幼儿园第三周就开始尝试自己写作了。老师有时会帮他开个头，然后由他继续下去。不少单词的拼写明显是沈岳根据自己的发音猜测出来的，句子的语法也是不正确的，但是这并不影响他热情洋溢的创作过程。

第一周（10 月 17 日）的作品是命题画：告诉大家你是谁。他画了一幅线条粗放的自画像，两手伸开，两腿短小，脸上布满了麻点，写满了微笑。自画像下面是老师帮助书写的很端正的文字：我叫 Jason（沈岳自己拼写了英文名字），我脸上有斑点，它们是真的，大家看见了都不要怕，因为我生病了。

第二周（10 月 23 日）的作品是一头咧开嘴露出锋利牙齿的斑斓猛虎。上面写着一句话：这是一只可怕的老虎。/ This is a scary tiger.（这是沈岳自己写的英文句子，上面还有涂改的痕迹。）它要吃肉。/ It eats meat.（这是老师帮助写的端正的字迹。）

第三周（10 月 30 日）的作品是关于万圣节（俗称“鬼节”）的故事，因为 10 月 31 日夜是孩子们最喜爱的万圣节前夕“闹鬼活动”。沈岳讲述的是发生在他们班老师家里“闹鬼”的故事，有 100 多个单词，描述了老师家在“鬼节”时房屋内外的恐怖情景。这些句子都是老师的笔迹，故事结尾处沈岳写了“The end”（故事结束了）。老师在故事下面加了一句评语：“这是一个多么可怕的故事！”

第四周（11 月 6 日）的作品中有三只长颈鹿，两大一小，还有一只老鹰和一只老虎。边上的文字中前两个句子是老师帮助写的：这只老鹰想抓住老虎。而老虎想抓住那只幼小的长颈鹿。沈岳写了第三个句子：这只老鹰对小长颈鹿很友善。长颈鹿（giraffe）这个单词是比较难拼写的，所以在第一句的文字里，老师帮助沈岳把“长颈鹿”这个单词拼写了出来。因此，沈岳在写自己的第二个句子时，拼写“长颈鹿”这个单词就没有困难了。

第五周（11 月 13 日），沈岳画了一个形象凶险的海盗。他的一只眼睛看不见了，站在一条海盗船上，恶狠狠地看着海面。图下面是沈岳自己拼写的文字说明：This pirate is looking for some peoples to catch and he wants to tie to together And The pirate wants to eat the person he catched.（这个海盗在寻找可以抓到的人。他要把他们捆绑在一起，然后把这些抓到的人吃掉。）

在上述句子里，英语单词“people”本身就是一个复数词，它的正确复数形式仍然是“people”，不能在词尾加“s”。句子里的英语动词“catch”的过去时是不规则的，它的正确拼写形式应该是“caught”，但是沈岳错误地拼写成了“catched”，按照规则动词过去时拼写方法加上了“ed”这个后缀。同时上述的句子应该分成两个句子，沈岳用了“And”，却没有使用标点符号把两个句子分开，但是他正确地把句子第一个单词的第一个字母用大写表示了出来。“tie to together”（捆绑在一起）的词组使用也不准确，其中“to”是多余的。但是老师并没有在这些句子上做任何改动。显而易见，这些不准确的词语和错误的语法并没有影响老师理解沈岳讲述的“精彩”海盗故事。

实际上，沈岳幼儿班的老师允许和鼓励学生使用自己的“孩子拼写法”（kid's spelling）。我到现在还清楚地记得沈岳在英语作业中时常出现这些“孩子拼写法”。有一次检查他的作业之后，我忍不住生气地说：“如果以后再看见这些拼写错误的单词，我可要罚你抄写几十遍来记住它们了。”沈岳毫不客气地回应说：“老师说了学生可以用‘孩子拼写法’来做作业。”

如果说我们当年学习中文词汇是在痛苦的“罚抄写”的纠错学习过程中煎熬过来的，那么沈岳的早期英语语言学习是在快乐的自由表达和使用中自然习得的（哪怕是有拼写和语法错误）。不可否认，学习以语音字母为基础的英语和以单个方块字为基础的汉语有很大的不同。但是自然学习和纠错学习是两种截然不同的学习方式，它们所反映出来的学习理念也是决然不同的。

沈岳的这些日记有的是根据上课时听到的故事写成，有的是根据节气和气候而定，有的是看图写作，有的是剪纸粘贴，或者是给想象中的笔友写信。总之，形式和内容五花八门。孩子可以没有顾忌地在这种富于个性而又有充分想象和写作（包括使用大尺寸的纸张）的空间进行学习和创作，可以想见喜好自由行动的沈岳会何等地陶醉于这一学习过程之中！

俄国心理学家利维·维果斯基（1896—1934）是西方儿童心智发展理论的主要开拓者之一。他提出儿童的认知能力主要是通过儿童在社会文化环境中的自身活动不断发展成熟的，并提出了儿童认知发展过程中的四个主要因素：儿童知识构架；学习导引的发展；与社会环境的互动；语言能力在认知发展所占的主导地位。

维果斯基认为在儿童语言的学习活动中，教师应在教学活动中注重发展师生互动关系。换言之，教师在整个学习活动过程中，透过有关的教学活动，将听、说、读、写的语言技能与儿童的生活经验相结合，让语文学习与儿童的生活直接联系而产生意义。如此儿童的语文学习也就不再只是无意义的抄写练习，脱离他们的日常生活经历。相反，语文学习应该成为儿童表达自己思想，以及日常生活中与他人交流沟通的重要工具。在这种愉快的学习环境下，儿童通过自由绘画以及力所能及的语言文字来展示他们自己的生活经验。与此同时，他们的认知能力在"最近发展区"（zone of promximal development）不断进步和提升。这种自由宽松的学习过程就给教师提供了一个认识儿童，并由此帮助儿童逐渐找到自己的"最近发展区"。同时教师也可以有效地帮助儿童构建适合他们认知能力的"脚手架"，他们就可以通过教师和富有教育责任的成人所帮助构建的"脚手架"相对自主地攀登到新的"可能发展区"，并循环往复直至达到成熟自主掌握的地步。

在这种教育理念的指导下，儿童自由绘画就成为美国儿童早期教育的一种最重要的学习方式。至今浏览沈岳的那些图文并茂不乏涂鸦的学校作业，不，那是沈岳的创作作品，仍能给我带来无比温馨的感觉。对美国的许多家长来说，孩子童年的涂鸦之作是孩子给家长留下的最珍贵的纪念品。在美国许多职业人士的办公桌和办公室的墙上，你都可以看到他们孩子的涂鸦之作。沈岳的学校绘画和其他手工作品也是我当年办公桌上的一道情趣盎然的景色（如今我女儿的作品替代了她哥哥当年的涂鸦“大作”）。

从“作业”到“作品”，虽然只是一字之差，但反映出了两种截然不同的学习理念和评价准则。作业可以有一个统一的标准，但作品的评价很难有客观统一的标准。

小贴士

美国儿童早期教育理念是以孩子自由学习和成长为主要指导思想的。这种教育理念主要侧重于帮助孩子建立健康的自我意识。从这个意义上来说，让孩子自由活动和探索学习就是一种最好的方式。儿童教育家告诉我们，幼儿的手工和绘画是儿童自我表现和学习的有效方式。儿童的绘画并不是要具体描绘某个物体和形状，而是通过绘画的形式来表达他们内心的感受和想法。在幼童的绘画过程中，他们可以享受到创作学习过程中的愉快。当幼儿把绘画当作自己的思想表达工具，把画笔当作自己驾驭的对象，他们就会觉得自己掌握了自己的世界。

家校有效沟通

幼儿园是公立学校教育的开端。牛顿小学位于牛顿市中心，教学质量很不错。校长卡茨是一个具有教育博士学位的资深教育管理者，教师大部分具有硕士学位和多年的教学经验。学生家长大多是在波士顿市区工作的白领职业人员，包括公司管理人员、律师、医生及高校教授级的知识分子。

沈岳的幼儿班老师华德，已经50多岁，有20多年的教龄。她的班级与众不同之处是，教室的书架、窗台、天花板上，琳琅满目地摆满了各种教学用具、学生的手工作品以及教育玩具。走进她的教室就像到了一个儿童手工艺术陈列馆。她把教室分成四个部分，并用书架大体划分开来。一个角落放有办公桌，供老师备课之用；一个角落有一块漂亮的地毯和几个书架，供学生安静看书；一个角落放有一个圆桌，供学生做手工；还有一个角落有不少教学玩具，是学生自由活动的地方。

华德老师的教室的最大特点是：学生看似松散，甚至有点随心所欲，但是她把整个班级每个学生的活动都安排得井然有序，不乏自由活动的乐趣。

当沈岳从我们当时居住的狭小单间到这样一个教室上课，可以想见就像一个爱吃甜食的孩子突然走进了一家摆满各种精美甜点并可以任意自选的糖果店。多动的沈岳当然忍不住要探索这个“新世界”了！沈岳在家里是独生子，我们居住的公寓里没有其他孩子，和邻居家的交往也不是太多，突然有了这么多小朋友为伴，他更加无法克制自己。

有一次，沈岳放学后被留在了学校大约一个小时。当天回家时，他显得特别难过，说今天被老师“留校”是因为他做了“错事”。第二天，我们与华德老师沟通后得知，沈岳没有征得同意就在一个小朋友的绘画作品上随意

“帮助”画上了几笔。华德老师认为这是一个比较重大的行为失误，沈岳应该为此受到严厉的批评。

我们一再追问他为什么会犯如此“低级”的行为错误，他涨红着脸喃喃地说:“我想我和他已经是好朋友了，如果是好朋友，我们不就可以一起画画了吗？”

听到沈岳的自我辩解，我意识到我们可能“误导”了他。当时在开学之前，我特意到图书馆给沈岳借了一套美国著名的儿童丛书《贝贝熊》(*The Berenstain Bears*)。这套丛书内容风趣幽默，主要是通过黑熊一家拟人化的生活来教育幼童如何和自己的兄弟姐妹以及邻居朋友搞好关系。我们当时担心沈岳在家里（甚至在整个公寓里）一直是唯一的孩子，所有玩具都是以他为主，到了学校之后怕他不知如何和同学相处。所以，我特别告诉他与小朋友分享玩具是一个好行为。

因此，我执笔给华德老师写了一封信，比较详细地告诉她我们现在的居住状况。我们三个人住在一个房间里，几乎没有任何“个人隐私”。而且在沈岳的绘画作品上，我们有时也会做一些加工。我们也允许沈岳在我们的写作草稿纸上练习写字，总是鼓励他有机会就多练习写字和绘画。

十月中旬的一天，沈岳回家告诉我们说他在学校又“闯祸”了，老师说他不应该在学校走廊里奔跑。结果我们收到了学校校长办公室的电话，让我们周五到学校与华德老师及校长面谈。我们知道这次沈岳真是“摊上大事”了。

与华德老师和卡茨校长的面谈是在校长办公室里进行的，形式上也比较正式。华德老师说沈岳是一个非常聪明的孩子，上课爱动脑筋。但是她对沈岳这几个星期在班级内外的多动举止和行为所造成的影响非常担心，特别是他在跑动中撞倒了一个放满书籍的书架。她强调说，这些举动对沈岳和他的同学来说都是不安全的，同时所造成的后果也可能是严重的。

在听完华德老师的叙谈之后，卡茨校长提出我们应该安排沈岳与学校的心理专家见面，同时希望我们与沈岳的个人专职儿科医生见面，做一些有关身体和心理上的检查。他强调，对沈岳进行全面的评估是必要的，也是在帮助他，为其提供一个更适合的学习环境。根据当时的观察和理解，我们意识到学校已经开始正式启动评估沈岳是否属于特殊教育的学生了。我和时辛忧心忡忡：如果沈岳真的被定性为特殊教育的学生，那他是否会被学校“打入另册”，以后是否还能够成为一名我们所期望的“好”学生呢？

在那个周日，我们认真地考虑了此事的严重性。我和时辛都是学校教育工作者，能够理性地理解学校的决定。在美国的学校管理中，“学生安全第一”的指导思想是不容置疑的。但是我们认为，虽然学校老师的观察比较详细，比较专业，但也有其片面之处。同时，根据我们在美国社区的生活经验以及与幼儿园老师的交流，我们觉得我们家庭比较特殊的居住背景不是这里的老师能够完全理解的，所以我们有义务给学校提供自己的观察和理解。鉴于在与学校老师和校长面谈时，我们无法用比较理性和职业性的语言（这是第一代非英语移民家长所面临的巨大挑战）来阐述个人的看法，我们决定给学校校长写一封信，以比较完整地呈现我们的反馈。

到现在我还保留着当时写给校长最后定稿前的信件的原件（我当时有意识地保留了一份以备后用），20 多年之后重读这封信还是感触颇多，仍然觉得当时我们与学校的交流和沟通是很及时的。下面是这封信件的中文翻译。

亲爱的卡茨博士：

谢谢您参加上周五我们和华德老师的面谈。您和华德老师提供的反馈对我们很有帮助。我们非常欣赏这种在家长、老师和学校行政之间有关孩子在学校表现的直接交流。

坦白说，我们觉得这次面谈是比较沉重的。这次面谈主要的焦点是沈岳（Jason）在学校和家庭里的表现。实际上，我们没有得到 Jason 在学校里各学科有关学习和认知方面发展方面的成绩。作为教育工作者和关爱孩子的家长，我们认为孩子在学校里学习和认知方面的发展是他们综合发展的一个主要内容。我们能够理解学校对 Jason 举止方面的关心，也愿意和学校合作来帮助他适应学校的环境。但是我们也很关注学校采取的某些决策及其带来的影响。正是基于这种考虑，我们决定给您写这封信，并与您交流我们对 Jason 行为举止的看法。

在过去的几天里，我有机会和学校的课后活动部主任梅勒丽女士交谈。同时我也和盛兰兰女士进行了谈话，盛女士是波士顿大学教育学院儿童早期教育的博士生，也是 Jason 每周日在牛顿中文学校上课的中文班教师。她们两人对 Jason 的观察都提到了以下内容：Jason 非常急切地想交朋友，但是他不知道什么方式才是合适的。我也和罗士恰尔德女士交流过，她是 Jason 学龄前班的老师。她同意上述对 Jason 行为举止的观察，并认为 Jason 交友方式不当可能就是他有不寻常行为的主要原因之一。此外，罗士恰尔德女士说如果有需要，她也愿意进一步提供对 Jason 行为的观察意见。

正如我在面谈时所提到的，Jason 在今年夏天两个多月的假期里没有去任何地方旅游度假。而在我们目前的居住场所里，Jason 的活动空间也很小，他的一举一动都在我们的关注之中。有时我们对 Jason 的管制和他的好动之间会有些矛盾。很自然，当 Jason 离开家到学校上学，他的环境发生了极大的变化，身边突然有了很多朋友，也有了许多快乐的活动。我记得华德老师说 Jason 在学校吃点心的时候会和许多同学说话。毫无疑问，这样的环境转换对 Jason 来说是很困难的，更不要说让他时时刻刻以适当的方式来参与这些活动。

此外，正如您在上次面谈时提到的另一个原因，Jason 可能觉得在上课时没有受到任何挑战。在过去的暑假中，我们教给了 Jason 一些英文和中文阅读所需的词汇，同时也帮助他做了些简单的算术练习。我注意看了 Jason 带回家的所有课堂练习，从来没有一个错误。所有作业上的评语都是非常正面的，如“真了不起”“真好”“棒极了”。这些评语是否也说明了 Jason 确实能够在做作业时比较专注呢？我们都知道，孩子的专注不是他们的才能，而是说明孩子在学校学习状况的主要依据。

正如我在面谈时所提到的 Jason 幼年时的一些故事，他的天性就是非常活跃的，非常好奇，也喜欢交友。而且，他的行为速度很快。这些品格加在一起就造就了一个像 Jason 这样非常特殊的孩子。然而，我想我们都会同意的是，如果 Jason 能够专心致志的话，他的潜力是巨大的。幸运的是，正如我所提到的几个例子，Jason 已经展示了他的认知能力。如果他在学校和家庭中能够集中注意力的话，他在语言和算术方面一定会取得很好的成绩。所以当我和妻子想到 Jason 是一个特殊的孩子时，我们的观点是非常正面的。之所以有这样的结论，不仅是因为我们对 Jason 怀有中国文化式的期望和关爱，还因为我们都是在学校工作多年的教师，知道像 Jason 这样的孩子蕴藏着很大的潜力。

我们清楚地意识到 Jason 目前正经历着适应学校环境转换的巨大困难。他的个性和家庭环境使他与其他同龄孩子在身体、智力和文化方面有着显著的不同。从这个意义上说，我们可以共同努力来帮助 Jason 顺利通过这个转换。我们已经看到了 Jason 自从进入幼儿班之后的一些正面改进成效。如果家庭和学校能够齐心合力，我们相信 Jason 的环境转换过程会变得更顺利和更有效益。我们相信 Jason 也会更加得益于学校优良的教育环境，从而发挥出自己的特长，成为一个真正的明星！

谢谢您，同时也希望通过您转达我们对学校所有老师给予 Jason 的关爱的谢意。我们对 Jason 在学校所得到的优质教育的感激是这封信无法充分表达出来的。

向您致以最诚挚的祝福！

毛时辛　沈安平

1991 年 10 月 15 日

12 年之后，沈岳从牛顿北高中毕业，他的所有学校档案材料按照规定退回给我们。我在这些材料中看到了华德老师在我们和她及卡莰校长面谈后撰写的有关沈岳情况的汇报信件。可以想见，当时华德老师写的这封信件就是为学校确定沈岳是否应该成为一名特殊学生的备忘录。这份文字材料反映了当时华德老师对沈岳比较专业化和细致的观察，也显示出美国公立学校一位优秀的幼儿班老师的学生评估能力。

下面是这篇备忘录的翻译（节选）：

沈岳（Jason Shen）是我在麻州牛顿市 Bowen 学校幼儿班的一名学生。

Jason到了我的班级之后[1]，很容易地找到了自己要做的事情。他的活动能量很大，但是频繁地改变活动内容，经常是虎头蛇尾。除非有成年人帮助他专注地活动，否则他的注意力很短暂。他的好奇心令人赞叹，看起来就像是要同时关注所有的事情（或者说非常快速地关注这些事情）。Jason会问许多问题。他的不少问题是关于那些他不理解的词汇的。但是，有时他用这些问题来转移他所要面临的问题。例如，当我告诉Jason他不应该在教室里奔跑，因为这里有不少书架教具（furniture），他就问"什么是furniture？"许多时候Jason会问一个问题，但是看起来他并不想要知道答案。[2]

Jason的行动是非常冲动的……在操场上，Jason的行动有时看起来具有攻击性。例如，爬到高高的游戏架子上对着其他孩子扔松树果子。他的举止对其他孩子产生了影响。有些孩子不想靠近他，并躲开他。有些孩子生怕他要抢他们的东西，就会对他也采取肢体行动[3]。

Jason喜欢而且关心班级其他的孩子，也很想要其他孩子喜欢自己。他也确实有一个特喜欢他的朋友，并在过去的几个星期跟着他并模仿他的行为。那个孩子刚刚开始有点要独立于Jason，但Jason看起来还不能完全理解这个同学疏远他的这一变化。

……

Jason是一个聪明的孩子。尽管他的注意力很短，但他还是能够很快地掌握新的内容，并且很容易地记住这些内容。在课堂检测时，他记住了所有26个大小写字母，同时也知道了17个辅音音节。他已经开始主动地阅读了，虽然我还没有时间来确定他的阅读能力。Jason也能够很好地知道词汇之间的关系并据此来猜测词汇的意思。他的父亲告示我他已经在开始帮助

---

① 牛顿公立学校是在9月以后第一周的星期二开学。——作者注

② 华德老师在这里的观察可能有一点偏见。沈岳的英文词汇量此时可能要比同龄孩子少了不少，因为他来美国只有两年多。他很有可能真的不知道这个一般中产阶级家庭孩子都会知道的词汇，如果真是如此，可以想见他会很急切地学会这个词，然后才有可能回答老师的提问。——作者注

③"肢体行动"可能就是指推开Jason，不让他靠近的行为。——作者注

Jason 学习加减法的问题，但是我还没有检测他在数学方面的能力。[1]

我目前正在设法帮助 Jason 建立对他的行为规定和要求，以便使他能够更好地控制自己的行为。Jason 是一个很吸引人的孩子，他在许多方面有极大的潜力。然而，因为他的好动，我要始终保持对他的关注是极其令人疲惫的。[2]

1991 年 10 月 21 日

我们后来应学校的请求主动与沈岳的专职儿科医生波奈特博士联系。他是一位很有经验的医生，按照学校的要求了解了我和妻子各自的家庭历史，如家庭成员中是否有弱智成员，是否有神经病理方面的疾病，是否有其他各种不正常的生理和心理现象等。

波奈特医生还具体询问了我妻子怀孕和儿子出生时是否有不正常的现象，沈岳出生以后的各项健康指数、生理检查结果是否正常，以及出生以后的身体状况如何。同时他按照学校的要求给沈岳做了一个非常详尽的体格检查，在一页正反两面的纸上写满了检查报告。从他对沈岳的观察和总结来看，他似乎认同了我们对沈岳好动行为的观察和理解：

沈岳是一个非常聪明、好奇、好动和外向的孩子。根据沈岳老师和家长的观点，他可能有些与多动症症状相同的行为。然而，可以看出他家庭目前的居住状况限制了他交友技能的发展和相关经验的获得。他的表现在向好的方面发展，这是令人鼓舞的。

建议家庭和学校保持沟通；鼓励沈岳和朋友交流，以培养社交技能；改变他所在教室的环境，使他不要过分地兴奋，同时也能使他比较容易保持专注。

学前班的老师也反映沈岳在学前班时很好动，个性比较强，同时也比较

---

① 当时美国优质公立学校幼儿班的教学侧重语言，轻视算术，可见一斑。——作者注

② 最后这句话很有职业水准，但是其中的寓意也是非常清晰的，那就是：华德老师希望沈岳能够离开她的班级。——作者注

开放，不惧怕陌生人。但是他并没有太大的行为问题，而且他从来没有对其他孩子表现出恶意行为。他很想与其他孩子交朋友，但缺乏这方面的能力。

根据波奈特医生的推荐，我们又约见了儿童医院推荐的专职儿童心理医师，同时也和牛顿市教育局的首席心理师（必须具有心理博士文凭）见了面，共同探讨沈岳在学校里所表现出的多动行为和对策。总体而言，他们对沈岳的行为评估基本上是一致的：沈岳是一个多动、自控能力较差的孩子，他的兴趣广泛，喜欢交友，是一个对他人没有恶意的孩子。

20多年之后，沈岳仍然保持着这样鲜明的个性：好学乐学、兴趣广泛、思维敏捷、喜好交友。当然不同之处是，现在这些都被公认为是沈岳的强项了。

到一年级学年结束时，沈岳的整体表现和控制能力有所提高。最令我们欣慰的是，他对学校仍然是一如既往地无比热爱。每天他都是兴高采烈地去上学，回来之后会告诉我们学校许多有趣的故事。

幼儿班学年的学生报告单上，有教师对每个学生六个方面近50个具体项目的评价。这六个方面是：个人行为；学校习惯；语言艺术；算术；社会学习；科学。沈岳除了在个人行为方面的自控能力和遵守规定两个具体项目上需要提高之外，其他所有方面的表现都是令人满意的。他在集体活动和一些具体的学习习惯方面，都表现得良好或有所进步。

下面是华德老师给沈岳所写的年终评语：

Jason非常喜欢幼儿班级的许多活动，特别喜欢电脑活动、做游戏以及手工制作。他的好奇心突出，想探索所有事情。他正在发展自己的词汇语音阅读能力，并用这些语音能力来学习词汇发音，自由地拼写词汇。他的视觉记忆也很好。他是一个非常喜欢交友的孩子，同时也喜欢和同班同学一起做小组活动。他是一个行为好动的孩子。随着不断参与班级的项目和活动，他的注意力有了进步。他仍然需要环境上的限制和帮助来控制他的活动程度和举止行为，继续提高他的自控能力。他是一个善良、富有精力、非常好学的孩子。我非常高兴有机会与他一起度过了这一学年。

“好奇心突出、想探索所有事情、善良、富有精力、非常好学的孩子”，25 年后的今天再读华德老师的评语，仍然令人感叹，同时也感到如此确切到位。

沈岳高中毕业典礼之后，我们特意提醒他回访当年的母校并探望华德老师（华德老师仍然记得沈岳）。沈岳说当他走进那个模样依旧的幼儿班教室时，感觉自己进入了梦境。正是由于家庭与学校的共同合作与互动，沈岳在童年时代才没有留下“噩梦”的阴影。

小贴士

19 世纪末 20 世纪上半叶，美国现代教育理论的奠基人约翰 · 杜威和意大利教育家玛利亚 · 蒙台梭利就是这种以儿童成长为中心的教育理念的主要创始人。正如 15 世纪文艺复兴时期伟大的波兰天文学家哥白尼把地球从当时的宇宙观的“神坛”上拉下来一样，杜威从理论上论证了教育过程必须以教育的主体者（即儿童）的学习、成长和生活为主导。儿童的教育过程也是儿童的生活经验积累及与社会的互动生长过程。

被杜威称为“历史上最伟大的女教育家”的蒙台梭利通过深入细致的临床和教学观察，以及各种医学和儿童心理实验得出结论：所有儿童都有求知欲望和有吸引力的心灵，教育过程就是帮助儿童营造一个自然的环境来使儿童健康发展。

杜威和蒙台梭利都提出了教育就是儿童的自然成长过程，教育就是儿童的生活过程。如果每个孩子的个性都是不同的，那么他们的心理和生理状况也是千差万别的，从这个意义上来说，教育营造了千变万化、丰富多彩的生活过程和人类世界。

2 少年期：共建新家园

成年人应该努力去理解儿童的需要，这样就可以给他们提供一个适宜的生长环境，使他们得到满足。只有这样，才能开辟教育的新纪元，才能真正给人类带来帮助。

——［意］玛利亚·蒙台梭利

流行的体育文化

沈岳三年级的时候，我们在牛顿市的东北区域购买了一套公寓住房。那个区域的住房建筑比较拥挤，居住着相对较多的蓝领阶层家庭。四年级的时候，沈岳从原来牛顿市中心的一所小学转到了我们新搬迁地区的一所小学。

开学不久，沈岳就告诉我们他好像在重复学习不少早已学过的内容。我们耐心地告诉他，这应该是老师在帮助学生复习过去学过的内容。但是过了一段时间，沈岳仍然觉得课堂教学进度十分缓慢，我们也觉得不可思议。一个学区的教学内容怎么会如此不同呢？通过多方打听比较，我们非常震惊地了解到了美国学校教育的一个基本特色：学校教师有很大的教学内容取舍自主权。即使是在同一所学校的同一个年级里，每个任课教师都可以选用不同的教材（最近十几年随着公立学校的统考日益系统化，这种任由中小学教师主导课堂教材学习内容和进度的现象开始减少了）。

又过了一段时间，沈岳回来经常说起班级里有些“笨孩子”，上课好像总是一问三不知，他觉得自己老是举手有些厌倦了。我们觉得这是一个值得重视的问题。我们不希望沈岳有一种“自高自大”的感觉，因为就在几年前，他因为多动被有些同学看不起，在国内甚至也被看作“另类”。现在他的“地位”变化了，我们不希望他在班级里流露出自鸣得意、高高在上的神态。于是，我们耐心地开导他：如果你真觉得自己懂得比较多，可以适当地帮助其他同学，这样就可以多交些朋友，培养你的社交能力。

当时社会上正好广泛流传着“情商”高于“智商”的教育理念。当时沈岳的“智商”明显看起来高于“情商”。殊不知，这个“学习情商”的过程来得如此之快，让我和时辛都措手不及。

开学几周后，沈岳开始抱怨班级里总有人找他的茬。沈岳上课特别喜欢回答老师提出的问题。如果他回答得好，有些人就小声地说他是在讨好老师；如果他回答得不好，有些人就笑他是笨蛋。下课后在学校走廊和操场，也总有人对他做一点小动作，推推攘攘，让他觉得自己好像是个局外人。当时我们认为可能是沈岳自己想交朋友，又没有经验，过段时间这些小纠纷或许就会自然地平息下去。

有一次，班级男同学们在课间谈到了本地职业美式橄榄球爱国者队的一场精彩比赛。有人提到了爱国者队四分卫德鲁·布莱楚带领球队大获全胜的突出表现。作为一个职业球队的核心组织者，四分卫是每个球队的领军人物，也是该球队的形象和代表。

沈岳随口问了一句，“布莱楚是谁？”这引起了班级许多同学的哄堂大笑，甚至有不少男生当场嘲笑他是个“大笨蛋”。当沈岳回来告诉我们这件事时，他的眼泪都要流出来了。他虽然听到过许多不雅的“绰号”，但是“大笨蛋”恐怕还是第一次。

我们当然知道体育在美国很流行。现在这次事件直接冲着沈岳来了，我们意识到了事态的严重性。我和沈岳都应该在体育知识方面“补课”了。

当时沈岳已经参加体操训练多年，也算是一个体育爱好者，在体育知识方面当然不能输给其他同学。那个周末，我就带着沈岳到本地的书店购买了当年的美国知识百科年鉴。这种知识年鉴一般有四五百页，实际就是一本有关日常生活的百科全书。书的内容包罗万象，各种数据极其详尽，体育内容更是重中之重。

沈岳拿到这本书之后开始发挥他阅读速度快、记忆力强的特点，把一些主要的体育明星和主要数据记了下来，然后就带着书到学校去炫耀。班级有些所谓的体育迷实际上也就是记住了波士顿本地区的球队明星，所以看见沈岳在聊天话题上炫耀自己的知识，心里就很不舒服。几天之后，沈岳回来告诉我们说，那本美国知识百科年鉴被人抢走了。我笑着对他说，这本书的目的已经基本达到了，如果哪个同学真想看这本书，或许是好事一桩。

小贴士

波士顿是美国的文化教育中心，也是美国的一个体育明星城市。有创建于1901年的美国历史最悠久的波士顿红袜棒球队，这个队曾在美国棒球联盟成立初期获得了五次冠军，在波士顿地区家喻户晓，有着至高无上的地位。还有创建于1946年全美职业篮球联赛获得冠军次数最多（17次，当时占全美联赛冠军总数的四分之一）的凯尔特人职业篮球队。而成立于1924年的波士顿棕熊冰球队，也获得过全美六次斯坦利杯冠军。

新英格兰爱国者橄榄球队则是在20世纪60年代初成立的。20世纪90年代由当时的前纽约巨人橄榄球队教练比尔·帕赛尔斯接手，并在当年挑选了职业橄榄球队的新秀队员、华盛顿州立大学的三年级学生布莱楚。1994年，波士顿本地一个从小就是球队铁杆球迷的富商罗伯特·科拉夫特以当时看来是天价的两亿美元购得这个在过去几十年来一直是波士顿和新英格兰地区球迷眼中的二流球队。

科拉夫特雄心勃勃，立刻斥巨资重新翻修了爱国者橄榄球队的比赛主场。经过两年的磨合，爱国者球队在1996年秋季赛季开始腾飞。而布莱楚就是这支腾飞球队的领军人物，他自然也就成了波士顿和新英格兰地区球迷们心中一颗最年轻耀眼的新星。

面对霸凌勇敢出击

有一天在回家的路上，沈岳被同班的一个女孩从后面抓住腰，另一个男孩追上来对他拳打脚踢。虽然没有明显的伤痕，但对沈岳来说，这是第一次真正被人欺负。当时沈岳正在本地的社区健身俱乐部学习比较流行的儿童空手道，我忍不住对他说："或许哪一天真会用上你学的这些拳术呢。"

"爸爸，我学这些功夫是为了好玩，不是用来打架的。"沈岳脱口而出。

"我不管这么多，你学会了这几招，又是一个体操运动员，也有点儿肌肉和力气。如果哪个孩子真欺负你了，你难道就不还手吗？"我开始带着情绪说话了。

"爸爸，如果在学校与同学打架，我们是要被叫到校长办公室去的，弄不好还要被留校处罚。"沈岳提醒我学校的有关规定。

"对那些整天欺负你的孩子，特别是上次那个在回家的路上打你的孩子，如果他以后还是对你动手动脚，你就要还手，就是进校长办公室，爸爸也不会责怪你的。"我这时已经控制不住自己的恼怒情绪了。

打架的事情终于发生了。下面就是事情发生之后我让沈岳当天晚上写好的一份"事故报告"。我帮他编辑修订，并要求他用比较正式的格式打印这份报告。

收件人：任何有关的人士

送件人：Jason Yue Shen（彼博先生班级的学生）（附有沈岳的签名）

内容：与蒂莫西·沃尔顿的纠纷（蒂莫西也是彼博先生班级的学生）

时间：1996 年 5 月 17 日，星期五蒂莫西一直不断地干扰我在林肯—艾略特（Lincoln-Eliot）学校的学习，影响我学习的行为有：干扰人的逗笑，侮辱人的话，让人厌恶的话，做令人厌恶的鬼脸，甚至包括打人，还有其他你可以想象出来的事情。

侮辱人的话有：胆小鬼、书呆子、脑子有病的、什么都知道的、老师的宠物、笨蛋、神经有病的人、中国人（说这个词的时候两手把眼角往下拉）、智障人、沈（说的时候带着讽刺的口吻）、蠢货、痴呆。这些骂人的话就像石头一样扔在我身上！

今天中午吃饭休息的时候，蒂莫西、乔纳森、路易斯和我计划到操场上踢足球。我们要快点过去，因为其他同学也想到操场上去玩。所以我拼命地跑过去，自然就跑到了蒂莫西的前面。蒂莫西显得很不高兴，因为他看见我跑得比他快。当我们开始踢足球时，蒂莫西说我总是不传球（他甚至和我不是一个队的）。

然后，他说："我随时可以杀死你！"

"甚至在你的梦里你都没有本事做到这一点！"我回答说。

"你敢来打一架吗？"蒂莫西挑衅我。

"我不想打架。"我回答说。

"胆小鬼！"蒂莫西朝我走来。

"我不是一个胆小鬼，你才是一个胆小鬼！"我站在那里看着他。

这时蒂莫西把他随身带着的午餐包扔到一边，摆出架势朝我冲过来。我抓住他的身体把他推开，然后把他的午餐包扔进了一个泥潭。蒂莫西说包是防水的，但是我知道他真的恼火了，因为他伸手打在我的脸上，把我的眼镜打飞了。我向后踉跄了一步，眼睛有点儿看不清楚，但是我伸出一拳打在了他的肚子上。最后他想要用足球来砸我，但是被我用手臂挡开了。

我可以再详细地叙述这件事情，但是我不想多说了。

我和蒂莫西这样的关系已经从开学持续到现在，我们都没有意识到情况已经严重到这个地步，所以我写信告诉你们这些和蔼的、善解人意的人。谢谢你们抽出宝贵的时间来阅读这封信。我希望这封信能够使事情取得一些进展。

蒂莫西，我希望能够修复好我们的关系。

沈　岳

当沈岳把这份报告写完之后，我问他最希望把它送给学校的哪位老师，他提出应该送给他的班主任彼博先生。我完全同意他的意见。然后又问他，还希望送给哪位老师，他一时想不起来，我就提出是否应该给校长也送一份，他拿不定主意。我说，你现在和蒂莫西打架了，校长肯定要过问，而且你还可能会被校长批评一顿，因此给校长提供这些背景信息是很有价值的。这是我在根据自己的职业经验来开导沈岳，并让他知道爸爸是坚定地站在他这一边为他出谋划策的。沈岳没有反对我的建议。

第二天，我把沈岳的这份报告传真给了彼博先生，同时也传了一份给校长办公室。我及时和彼博先生联系，约定了面谈的时间。

彼博先生是一位 50 多岁温文尔雅戴着眼镜的白人教师，我们和他的交谈非常愉快。他确实像沈岳在报告中所提到的那样，是一位和蔼的、善解人意的老师。他的教室布置得丰富多彩，书架上摆满了各种色彩鲜艳的儿童图书，墙上贴满了世界各地的漂亮图片，墙角还传来了轻柔的古典音乐。

他告诉我们他已经在这所学校工作了 20 多年，就住在牛顿市隔壁的卫斯理镇（这是一所知名的优质小城镇，以拥有同名的卫斯理学院而全美知名。希拉里 · 克林顿、宋美龄、冰心等曾就读于这所全美最知名的女子学院），并说在退休之前大概不会再转到其他学校去了。言谈之中，彼博先生说他很理解和喜欢沈岳。虽然有时候沈岳上课时会坐不住，但是他的学习兴趣和知识面给他留下了很好的印象。他还告诉我们，有一次他在谈到天体话题时不经意地说到了现在人类已知的星星总数，沈岳马上忍不住地“纠正”了这个数字，并说这是因为他刚刚在《科学》杂志上读到了一篇相关文章。他注意到沈岳非常喜欢阅读各种书籍，课桌里一般会同时放有几本正在阅读的书籍。他说他意识到沈岳目前的学习进度已经远远超过了大部分同学，所以他在上课时一般不会阻止沈岳阅读与课堂无关的书籍。

直到现在，我和妻子还是对下面的这段对话记忆犹新。

彼博先生：你们大概经常带 Jason 去牛顿图书馆，周末和节假日也去波士顿地区的博物馆吧？

我：那还用说。牛顿新建的图书馆很漂亮，藏书这么多，就是到里面走一走，都会觉得神清气爽。每周我们至少要带他去一次，有时还要去两次。图书馆里还有许多活动，如儿童故事会、展览会、演讲会、音乐会，这是 Jason 最喜欢去的地方。

妻子：我们每年都要带他去一次波士顿科学博物馆，沈岳每次都很有兴趣，问我们许多问题。我们经常答不上来，就说“等你学会了这些知识和本领，就来教我们吧”。

彼博先生：可是 Jason 同班同学的家庭情况恐怕就不是这样的了。我们这里有半数以上的孩子没有同时和双亲住在一起，有时这些孩子每周还要换地方居住，这周住在父亲家，下周住在母亲家。个别的孩子，甚至双亲都没有和他们一起居住，他们只和祖父母一起住。

我：我们以为牛顿市的家庭都是很不错的，怎么还会有这样的家庭呢……

彼博先生：作为波士顿的郊区城市，牛顿市还是有一些困难的家庭的，当然这些家庭还有其他的问题。这些家庭的孩子一般是不会像 Jason 那样每周都去图书馆的，更不用说去波士顿的博物馆了。如果一年之中父母带他们去看一场球赛，那就很不错了……

回到家里，我上网查看了牛顿市公立学校低收入学生的家庭状况。牛顿市公立学校所有低收入学生家庭只占全部学生家庭的 5%，而沈岳所在小学的低收入学生家庭比例几乎达到三分之一。而根据我在波士顿大学教育学院研究生课程里所学到的，学生的家庭收入、父母的教育背景以及父母的婚姻状况，对学生的学习和成长有着举足轻重的影响。

曾经帮助另一个男孩欺凌沈岳的白人女孩就来自单亲家庭，她的家在一幢结构简单的公寓里，还有三个兄妹。五年之后，这个女孩和沈岳一起就读于牛顿北高中时被分到一个学生有“行为挑战”的特殊班级，我甚至看见她在校园外抽烟。我想这就是彼博先生当年非常关注的那些家庭状况不佳的学生吧。

化挑战为机遇

和彼博先生的面谈，让我们更加意识到美国公立教育的多元化以及学生家庭和社区经济状况所带来的挑战。美国的大众文化一向是不注重书本知识的。从传统来说，美国是一个非常讲究实干能力的国家。此外，由于社会文化的多元性，作为传统社会主体部分的家庭所扮演的儿童道德教育的功能也日益淡化。美国家庭形式和族裔的多元化，已经完全渗透到了社会的各个层面。

我们是在沈岳三年级学年中期搬家的。本来时辛对沈岳转学就颇有顾虑，她以母亲所特有的细腻已经看出两所学校在社区环境和学生家庭背景上的差异。我们原来住的是牛顿市中心，主要居民是拥有自己住房的白领阶层人士，房前一般种有花草，房后也有较大的草地院子，许多院子里还有孩子活动的玩具。而我们现在的学校社区，虽然仍属牛顿市，但靠近波士顿城区，房子之间的距离间隔很小，几乎没有什么绿地和花草。居民中有不少是住在出租房的蓝领服务行业人士。

后来我们又进一步了解到，20 世纪初牛顿市以其便捷的交通环境吸引了相当一批蓝领家庭，这些家庭不少是意大利的新移民。他们大部分信奉天主教，所以本地有一所天主教堂、一所专科大学（前几年关闭）和几所教堂附属的私立中小学。这些教堂和学校无疑更加吸引了其他信奉天主教的移民家庭。近些年来，由于相对低廉的房价（相对于牛顿房市的总体价格），又吸引了像我们这样收入不高、看重学校教育的新移民家庭。

我自以为是一个公立教育的坚定支持者，在我看来麻州的公立教育本来就是高水平的，而牛顿市在麻州名列前茅，住在这里没有什么可担心的。但是这次沈岳的打架事件以及我和彼博先生的谈话，让我开始认真考虑是否要变更沈岳目前就读的学校了。

我们的第一反应是向沈岳原来就读的牛顿市中心的学校“求情”，看是否能够让他回去继续读完小学的最后一年。按照学区的有关规定，一般学生只能在自己所在区域范围内的小学上学，但是由于沈岳过去曾在那所学校就读，是否有可能打一下“擦边球”，把他再送回去。我们就给原来小学的校长写了一封言辞恳切的信，其中特别强调了沈岳在目前这所学校所经历的一些问题。校长同意与我们见面，并听取我们的陈述。

这是一位南美裔的中年女性校长，性格开朗，待人热情，一看就是一位精明强干的教育领导者。她耐心地听完我们急切的陈述，并没有做出任何决定，而是给我们讲了一段她的亲身经历。

我的儿子迈克尔从小就是一个品学兼优的孩子。在上初中时，他得到了一所本地知名私立学校的全额奖学金。我和丈夫专门去看了学校，又和学校的有关老师以及行政人员见了面，感觉比较满意。作为教育工作者，我们都想给儿子提供一个最好的学习环境，所以就决定让孩子去这所私立学校。

迈克尔去了以后，一切都不错。他有极好的体育才华，在这所学校里，他各方面的体育特长都得到了发挥。我们也相当高兴儿子有这么一个好机遇来度过他的中学阶段。但是不久后，儿子告诉我们有些学生开始明里或暗里地给他制造一些小麻烦。我们了解后得知，他是这所历史悠久的私立学校里极少的几位少数族裔学生之一。而且由于他的学习和体育比较拔尖，他有可能引起了一些男同学的“注意”。不久，他的棒球帽无缘无故地“失踪”了。我们想只要没有什么大麻烦，就让他忍让一下。帽子不见了，我们可以给他再买几顶。一个学期下来，他大概总共“丢失”了20顶帽子。我们也考虑过把他从这所私立学校里转出来，但是当综合了解情况之后，我们觉得这不是一个培养孩子素质的正确做法。我们就和学校的老师以及学生辅导人员联系寻求他们的支持，同时注意和孩子沟通，告诉他我们的想法，孩子也完全同意：如果现在离开这所学校，那意味着在挑战之前就放弃了。

学校为此做出了许多努力，其中之一就是帮助建立了一个少数族裔学生俱乐部，由我的儿子作为俱乐部的学生领袖。学校也找到了一名少数族裔教师做这个俱乐部的顾问，帮助他们在学校举行各种文体活动，同时也注意加强他们与其他学生之间的交流以建立友谊。我的儿子在这个过程中自然成为少数族裔学生的领头羊，他的社交技能和自信心大大增强。第二年他和他的俱乐部成为新来的少数族裔学生最信任的组织。之后，他参加了校际学生组织的竞选，并以多数票当选为全校学生组织的领袖。当我们再回头看的时候，发现这是儿子成长过程中最有价值的一段经历。我想这对他以后的成长和发展，会有很大的正面影响。

听完这个故事，我完全被这位校长的儿童教育理念折服了。我妻子本来还有一些顾虑，但是看见我的反应也就基本同意了我的看法。她笑着说："我看你一听见那位校长的儿子做了学生的领袖，你就来劲了……"

之后我们就主动和学校的行政人员以及学生家长咨询人员见面，并表达了我们的诉求和担心，同时了解了家长所拥有的权利以及可以寻求的帮助。虽然像沈岳这样参与打架事件的都要被学校行政至少"打上五十大板"，但是我们知道蒂莫西这个孩子本来学习就不太好，在学校的表现也欠佳，他在这次事件中估计会受到更加严厉的批评。果然，蒂莫西对沈岳的"骚扰"事件基本停止了，其他类似事件发生的次数也逐渐减少了。

沈岳这些不愉快的经历，让我感觉到自己对牛顿市的学校和社区了解得还是太少。作为牛顿市的居民和纳税人，我们缴纳的财产税是牛顿公立学校资金的主要来源，家长应该是牛顿公立学校的主人。在五年级开学前，我收到了沈岳学校家长会寄来的通知，告知我们所有家长都可以参加该学校委员会成员的竞选。按照 1994 年通过的麻州公立教育改革法案，麻州所有公立学校都必须设置一个由学校行政、教师以及社区家长组成的学校委员会。这个委员会帮助学校行政监督全校的管理活动，同时也为学校发展献计献策。学校委员会的主席由校长和委员会选举出来的一名家长共同担任，委员会成员中必须有三名学生家长、三名学校教职人员，一般每月举行一次会议。

这是我到美国后第一次以正式候选人的身份参加本地社区的竞选活动。结果只有我一个人以家长身份参加竞选，因此不需要选举就自然当选。后来我了解到像我这样“不战而胜”当选为学校委员会成员的情况在其他学校并不多见，这也多少反映出当时这所小学家长参与学校管理的状况。参加学校委员会之后，我对沈岳学校的了解自然就多了，同时更加关注学校的动态。我在学校委员会上主动提出由我担任新移民家庭与学校的沟通联络人，并主动给每个非英语新移民家庭发出了一封自我介绍信。

参加学校委员会之后，我有机会结识了从本学区竞选出来的牛顿市学校委员会成员艾瑞克。艾瑞克是一名在事业上比较成功的企业人士。他告诉我他也是在年轻时从东欧移居美国的，作为新移民家庭，积极主动参与社区活动和管理，对孩子的成长和自己事业的发展有重要的意义。他鼓励我继续参与学校的各项活动，同时作为华裔社区的领导人，更应该主动参与社区活动，与主流社会分享华裔社区家长所关心的问题。艾瑞克告诉我牛顿市有一个人权委员会，是一个社区成员义务性参与的群众团体，目前正需要招募两名新的成员。在他的鼓励下，我向市长办公室提出了申请，他也及时为我的申请与市长办公室沟通。不久我被市长任命为牛顿市人权委员会成员。这是我参与牛顿市社区活动的一个新起点。

牛顿市人权委员会每月例会的一个重要事项是听取社区成员对有关社区内居民、各类政府、商业和学校机构因种族、宗教、住房等原因引起的个人和社区权益纠纷的申诉，并讨论是否要做进一步调查和调解。在参加了牛顿市人权委员会一段时间之后，我找到机会与其他成员交流了沈岳在学校被欺凌的经历。我在叙述时非常动情，讲到沈岳被他的同学在回家路上殴打时，一度哽咽。委员会中的一位成员听了我的叙述也非常动情，不仅“心动”，同时还有“行动”。在她的极力推动下，牛顿市人权委员会经过讨论决定在牛顿市所有初中开展一次征文活动，征文的题目是“如果看到霸凌现象，我该怎么办？”，并根据征文内容评选出一、二、三等奖。这次活动得到了牛顿市教育部门和各个初中的支持，获得了良好的效果。从道义上来说，这次征文活动给了我极大的鼓舞，同时也帮助我确立了对牛顿社区及其公立学校教育质量的信任。我由此成为牛顿学区在华裔社区最卖力的“推销员”。

五年级开始之后，沈岳在学校的总体情况好多了。他与同学之间的关系变得比较融洽。在数学课上，老师把他和另外三名数学能力比较超前的学生编成一个小组，有时让他们自学，有时让他们给其他同学做一些辅导。在这个过程中，沈岳学会了如何在课堂上努力遵守纪律，也学会了自我管理。更重要的是，在这个过程中，沈岳既有机会帮助其他同学，又培养了自己乐于助人的精神，更提升了自信和自尊。这是一次极其愉悦又有效的全面学习和成长的机会。在过去的那所小学里，沈岳是一个比较“知名”的调皮好动的学生，但是学生和老师早已接受了他。经历了一年的“风雨”之后，沈岳开始有意识地规范自己的行为，通过自己的努力来赢得同学们的敬重。

五年级学期结束也是小学毕业的时候，根据这里的传统，小学毕业有一个社区毕业仪式。按照惯例，每个班级都要由学生选出一名代表在毕业典礼上发言，沈岳荣幸地被班级同学选为发言代表。这是一个令我们全家都非常骄傲的时刻。 沈岳精心制作了他的毕业典礼作品，这是一首藏头诗，诗的每行第一个字母连起来就是学校的名字——Lincoln-Eliot。沈岳把它书写在了一张大幅的手工绘画纸上，演讲时就把它挂在主席台的讲台前面，非常显眼，所有的家长都可以看见。

下面就是这首藏头诗的中文翻译。

L 就是聆听（listening），所有的学生和老师都要这样做。

I 就是智能（intelligence），我们学校到处都是它的形象。

N 就是善良（nice），我们所有人都应如此。

C 就是自信（confidence），我们每个人都该表现出来。

O 就是机会（opportunities），我们这里到处都能找到。

L 就是寻看（looking），你可以在这里看到你的将来。

N 就是永不（never），你永远不能忘记林肯—艾略特学校。

E 就是教育（education），这是成功的基石。

L 就是学习（learning），学习做一个善良的人。

I 就是兴趣（interesting），这里的一切充满了趣味。

O 就是有序（organized），我们所有的活动都应安排有序。

T 就是老师（teachers），这在所有一切中是最重要的。

这是沈岳第一次公开上台演讲，但他看起来一点儿也不紧张，似乎非常享受这个过程。这个经历给沈岳和我们全家留下了一个非常美好的记忆。我相信对沈岳来说，这个经历也是他今后演讲生涯的一个里程碑。

从这首小诗中，我们看到了沈岳对知识的渴求和他的语言才华。但最突出的还是他对同学、老师和学校的挚爱。

沈岳的演讲在学校大礼堂里获得了持久而热烈的掌声。在这个时刻，沈岳和我们在林肯—艾略特学校里所经历的种种不愉快都烟消云散了。更重要的是，我们全家都学到了一个道理：人是不能逃避挑战和困难的，只要不放弃，挑战和困难就会变成迈向成功的基石！

我们的文化家园

说到牛顿社区和学校，当然少不了要说说我们自己的牛顿中文学校。

沈岳三岁与时辛来美国陪读时，他的中文语言能力已经很不错了。但是当他到了本地的托儿所之后，由于学习和打工，我们相对疏忽了与他的交流。同时为了配合他在托儿所与老师的交流，我们在家里也尽量用英语与他交流。半年下来，沈岳的中文慢慢地变得有些迟钝，说起中文来也有些吃力。

这可怎么办呢？我是学教育的，又修过儿童双语教育课程。在教育学院上课时，教授一再强调对移民家庭的儿童来说，保持母语对儿童的身心健康和认知能力的培养，都极其重要。

幸运的是，牛顿市华人家庭较多，本地就有三所周末中文学校。经过实地了解，我们最后选中了牛顿中文学校。这所租用本地公立学校校舍的周末中文学校当时在校人数只有近百人，学校的管理由家长义务参与，教师只是领取象征性的“车马费”，整个学校的运作令人感到亲如一家。后来我们还进一步了解到，牛顿中文学校从创办时就强调包容东西文化，强调教育孩子就是要他们做好人、做好事，长大为社区服务。这样的办校理念也成为牛顿中文学校长期坚实发展的基石。

在海外，我们都希望自己的孩子能够传承中国文化，其中最基本的一条就是能听会说中国话。如果他们还能够用中文阅读和写作，那就是锦上添花了。传统中文学习以比较“机械”的读和写为主，在海外成长的孩子很不习惯，特别是对抄生词和背书这两条“法宝”更是“恨之入骨”。再加上学校不少中文老师是没有受过专门师范教育的家长兼任的，教学方法比较单调，更加影响了在海外成长的孩子学习中文的积极性。一到周末，一些孩子就想逃避，家长为此也煞费苦心。

对沈岳学中文，我也在不断思考和观察，尽可能地为他创造一个相对良好的学习环境。我对他学中文的底线是绝不逼迫，如果他在学习的过程中产生厌烦心理，我首先从学习环境上找原因。在不健康的学习环境里，即使他学会了一点中文，也可能会从整体上对中文学习产生反感情绪，造成因小失大的后果。沈岳的学习特点是一定要让他自己参与，有兴趣和思想，不会按部就班地学习。所以在沈岳学习中文的过程中，我一直在思考用什么方法来帮助他最有效地学习，这也最符合人文主义的教育思想。

我们尽量注意和沈岳用中文交流，这是一条看似简单实际操作起来却不容易的方法。海外的家庭生活节奏一般比较快，孩子在学校与同伴交流时用英语，如果回家只有几句话的交流他们往往也是先用英语。一旦家长稍有疏忽，同时为了达意，也会用简单的英语回复。我和时辛就互相提醒彼此，尽量用中文与沈岳交流。同时，我们在日常生活的交流中（特别是在孩子面前）也从家乡话转换成普通话。说实话，这并不很容易，同时也多少让我们体会到了孩子从学校到家庭的交流要做更大的语言转换。

传统中文教学方法讲究字词的学习，但是在实际生活中，海外华裔孩子书面使用中文字词的机会很少，除了中文学校的书面作业之外，鲜有其他机会使用汉字。此外，沈岳很喜欢表达自己的思想，因此我会找时间与他一起来做作业，这样就可以帮助他及时克服一些中文字词书写的困难。同时，我也鼓励他在电脑上使用中文拼音输入法来做作业。因为这里的华裔孩子很容易掌握拼音系统，因此只要会说中文，在电脑上使用拼音来输入汉字基本上就能解决汉字的书写问题。我帮助沈岳练习中文写作，也是我了解他思想的一个极好机会。

沈岳对写作一直很感兴趣，如果有机会表达自己的思想，他会当仁不让。因此只要有写作方面的中文家庭作业，我都会耐心地与他一起努力写好每一篇文章。沈岳的中文书写字迹不是很工整，有时还要好说歹说让他重新抄写几篇（中文作业的书写整洁是影响教师评分的一个因素，这是中国传统教学的一个特色）。他写得比较“好”的作文，我都想方设法帮他投到中文学校的校刊上发表，他的“大作”在本地的华文报刊和学校的校刊上都有发表，其中一篇作文《课桌是这样做成的》还被《人民日报·海外版》转载发表。我想这既是鼓励他学习中文的一个好方法，同时也能对他今后的英文写作和创作产生正面的影响。

在帮助沈岳完成中文作文功课时，我们特别注意保证文章中的观点和内容都是他自己的，即使有些内容看起来比较“幼稚”，甚至有些“不合时宜”。我们始终坚信孩子自己的真实思想都是有价值的，也是值得尊重的。在某种程度上，这个过程也帮助沈岳养成了直抒胸臆的写作文风，对其今后的创作产生了影响。

沈岳还在小学就读时，我就已经在思考华裔儿童双文化意识培养这个问题了。我在本地华人社区的双语报纸上同时用中英两种语言撰写文章，来探讨这个华人社区极其关注的问题。作为大学教授的研究助手，我当时正好参与了一个联邦政府资助的探讨不同族裔儿童家庭教育与学校成功的研究课题，在波士顿市中国城的公立小学观察了几个作为研究对象的华裔儿童以及他们的家庭。我开始意识到华裔儿童在自身文化定位上的摇摆性和不确定性，同时在工作单位和其他场合与第二代华裔年轻人交流时，总觉得颇有隔阂。由此，我开始注意到这种被社会学家称为的“文化边缘人”的现象。

当时我就暗暗下定决心，绝不能让沈岳成为这样的“文化边缘人”。沈岳在牛顿市公立学校接受优质的正规学校教育，这是培育他“美国主流人”意识的必经之路。但是培育沈岳“中国心”的过程，只能靠我们家庭和华裔社区的努力。大量的儿童心理学研究表明，在多元文化社会里，儿童（特别是少数族裔家庭的儿童）成长期间所形成的和谐健康的个人族裔文化定位，将对其一生的发展产生至关重要的影响。

20 世纪 90 年代中期，我有幸聆听了当时美国教育界和学术界的华裔领袖人物、加州大学伯克利分校校长田长霖先生所做的主题演讲。当回答华裔社区非常关注的培养华人家庭第二代孩子双文化意识的问题时，这位毕业于台湾大学后赴美留学的华人教育家特别谈到了他对自己子女的要求：“我要求他们在和美国人交流时感到自己就是一个美国人，和华人交流时感到自己就是一个华人。”

我从以后的家教实践中发现，这实际上是一条立意看似简单，境界却极高的双文化家教指导思想。

作为一名受过师资培训，在大学任职多年的教师，目前又是政府教育部门的工作人员，我觉得自己参与社区中文教育活动应该是责无旁贷的。我从参与牛顿中文学校家长会的义务工作开始，先担任副校长，之后又成为正校长，最后又帮助创建中文学校董事会，成为首届董事会会长。在牛顿中文学校的办学方向上，我注意不让狭隘的文化理念成为学校的主导思想。我们的中文学校不能只是单纯注重传授中国语言和文化，也应该成为一个生机勃勃的华人社区的文化中心。

从文化意义上说，社区中文学校是一座桥梁，它帮助我们第一代移民父母亲向第二代孩子传递文化薪火，并通过保持自己族裔的语言和文化沟通来增进彼此之间的亲情交流。同时，中文学校也帮助华裔群体在主流社会弘扬自己的文化，和主流社会互助互利，由此促进在海外成长的第二代孩子在文化认同和自我个性方面的健康发展。

同样重要的是，当华裔群体提升了自身和下一代的文化教育质量时，也就提升了其所居住社区的文化教育质量。随着世界多元政治和经济的日益深入发展，第二代华裔儿童有可能也应该为我们所选择的社会做出更多的贡献。他们将不会像他们的先辈那样在文化上面临“同化”或“僵化”这种两败俱伤的局面。

在牛顿中文学校创办50周年之际出版了纪念专刊，我和沈岳都为这份纪念专刊撰写了文章。沈岳在文章中特别提到他在牛顿中文学校的十年里，从学校的文化氛围中深切地体会到了中美文化思维交织的复杂性。中国文化中勤奋努力、重视教育、珍惜友情、家庭为重、追求成功等核心价值观，使他这样的华裔第二代在这个国家取得了如此多的成功。牛顿中文学校帮助他领悟到了他性格中的中国元素，并增强了他作为一个华裔美国人的自我意识，使他能够更好地与世界分享他的才华。

小贴士

一百多年前，由于时代环境不同，到美国的华人在文化上没有得到主流社会的认同，因此许多时候他们只有通过牺牲自己的传统文化来换取主流社会的“接纳”，或者是通过固守自己的（往往也是比较僵化过时的）传统文化来求生存。这两种截然不同的生存方式导致了“同化”和“僵化”的结果，而这种结果给第二代华裔儿童的健康发展留下了诸多的不良因素和障碍，使不少人成为社会的边缘群体。如果再加上内功不足（如缺乏专业技能和语言文字能力）、外力贫乏（社交及政治公关能力薄弱），第二代华裔的生存和发展更会受到巨大的限制和歧视。同时由于社区文化交流不畅，华裔作为少数族群，不可避免地对主流社会和其他少数族群怀有一些狭隘的偏见情绪。

3 青春期：构建自我意识

成年人对待儿童最为典型的方法就是努力寻找他们的缺点，然后严加批评。但这种批评起不到任何正面的作用。如果我们的教育工作以这种方式为基础，就只能把人类的社会生活水准拉向一个更低的水平。

——［意］玛利亚·蒙台梭利

音乐磁带风波

“如果你再听这首歌，我就把这盘磁带从车窗扔出去！”

我怒火中烧地对儿子发出一声吼叫。

我们全家正开车出去长途旅游，在初中读书的儿子第一次用自己的零用钱买了一盘市场上刚发行的单歌磁带。我们的车子一上路，儿子就迫不及待地要求妈妈把这首新歌磁带放进音响盒里。歌曲的名字叫《那个男孩是我的》（*The Boy Is Mine*），磁带的封面上印着两个怒目相视的黑人女孩。我一看这首歌曲的名字和磁带封面就“知道”歌词内容肯定不是什么“好东西”。这不明摆着，两个女孩正在为一个男孩子争风吃醋。

车子已经开了半个多小时，沈岳仍然一遍又一遍地听着这盘磁带。可是他不知道此时的老爸正怒火中烧，他当然更加不可能知道他的那位在“文化大革命”中长大的老爸看到这盘磁带的封面时的心理感受：市场上这么多的歌曲磁带，为什么偏偏要掏钱买这么一盘乱七八糟的磁带？！刚进初中的男孩怎么已经开始对这些东西感兴趣了？当年我在国内大学担任学生辅导员的那种“管教”心态不由自主地开始占据上风，再配上“老子说了算”的家长作风，这一声怒吼在当时看来也就不足为怪了。

沈岳听到我的一声突如其来的怒吼，静了片刻，然后小声却又一字一顿地说：“爸爸，你不懂音乐！”妻子一看“形势”不好，赶忙把音乐磁带从汽车音响盒中取出来，一场风波暂时平息下来。

“爸爸，你不懂音乐！”这句话一路上在我的耳旁挥之不去。

是啊，我冷静下来后仔细一想，我基本上就是听懂了歌曲开场白中两个女孩的几句对话：“对不起，我可以和你说一句话吗？/嗯，可以，你知道，你看起来有点眼熟。/是呀，你看起来也是如此呀。可是我只想让你知道……他……你知道我在说谁……”

我确实没有听懂这首歌的绝大部分歌词。当时我也没有情绪来仔细聆听这些歌词。对我来说，这首歌的名称及开场白早就把主题点明了。这种内容难道还值得去理解吗？如果歌曲的主题内容不好，我还有什么心情来欣赏这首歌的曲调？更何况沈岳刚上初中，女孩谈情说爱的歌曲对他来说有什么价值呢？

当天晚上回到家后，“爸爸，你不懂音乐！”这句话始终在我耳边回响。情绪平静之后，我开始慢慢反省自己。孩子说我不懂音乐，这是一句大实话。我记得我小学读书时因为年龄小，又比较害羞，上音乐课时非常害怕在老师面前唱歌。结果五年级音乐课考试我差点不及格。之后的“文化大革命”中和上山下乡插队时，能够听到的都是少数几首“慷慨激昂”、内容单调的革命歌曲。当然，最为关键的是这些歌曲与当时我这个知识青年的个人生活和感情是毫不相干的。

大学时由于年龄偏大，学习紧张，也没有太多“音乐细胞”，自然从来没有对当时的流行音乐真正产生过真正的兴趣。20世纪80年代中期在大学担任辅导员期间，我仍然“习惯性”地鼓励学生多听“正面”的中外经典音乐。（其实就是变相地要求学生少听“没有太多正面意义”的流行音乐。）

从这个意义上来说，我就是一个十足的音盲！作为一个音盲的我评论儿子所喜爱的歌曲，就像一个文盲随意评论别人所喜爱的书籍。这是一种什么样的“教育”？！

应该说，儿子说我不懂音乐完全是“一针见血”！

沈岳从小就非常喜欢音乐。记得他八岁那年看了当年刚上映的美国电影《秘密花园》（*Secret Garden*），很喜欢其中曲调优美的主题歌《你是我的所有》（*You Are My Everything*），没多久他就基本上可以把这首歌的歌词全部记住并唱出来。他从小学起就参加了学校及我们所居住的城市的学区合唱队。同时我们又鼓励他学习了小提琴，中学期间他参加了学校管弦乐队。他的记性很好，因此许多歌曲听过几遍他就完全记住了。从小学高年级起他对各种流行歌曲的兴趣逐渐提高。初中时他进入了所谓的青少年时代，对这类流行音乐感兴趣应该是顺理成章的。

反复思考之后，我开始觉得“磁带风波”就不是一桩小事了。

作为教育工作者，作为父亲，我如果根据自己的好恶不讲道理地采用武断方法来干预孩子，那么等于告诉孩子：亲子之间的交流是可以不讲道理的。不讲道理的交流就不是交流，更不是教育。如果在家庭教育中父母与孩子的交流不讲道理，感情用事，如此下去，亲子之间的交流隔阂就会日益加深，最后就会完全断绝，家庭亲子教育就会完全失效。如此失效的亲子交流最后的结果就是失情，甚至失控。这样的现象难道不是司空见惯的吗?

经过几天的自我反省，我终于鼓起勇气正式向儿子道歉。我诚恳地对儿子说:“那天在车上爸爸不许你听那首歌曲（*The Boy Is Mine*）是不对的，爸爸错了。”当时沈岳正在埋头看书，他基本上也没有多少反应。我当时也很庆幸，儿子没有再给我任何“难堪”。

其实，父母亲向孩子真诚地赔礼道歉，孩子都会愉快地接受。而且这种“赔礼道歉”，只会使父母亲在孩子面前变得更有“面子”。

作为一名教育工作者，我也意识到这是一次极好的“学习机会”（learning moment）。我就真心实意地向儿子请教那盘磁带到底对他有哪些吸引力。沈岳告诉我这是一盘刚发行的流行新歌磁带，它的内容很新颖，两个演唱的女孩以自然的对话开场，既有合唱，又有分声唱，还有对唱。虽然这只是一盒歌曲磁带，但是它包含了多种音乐形式：有正式的伴奏唱，有无伴奏唱，还有单纯器乐的演奏等。当时我作为一个音乐盲，虽然只是似懂非懂，但是我可以看出沈岳对这首歌曲的音乐内涵有比较全面的理解和真挚浓厚的兴趣。当然，女孩的恋爱内容使这部音乐作品更加充满了青春气息。

多年之后，我在社区开设的家庭教育课上把这段经历作为案例介绍给其他家长，又认真地聆听了这首歌曲，并细读了全部歌词。我真正被这首歌曲的整体音乐美深深打动。回想当年纯真可爱的音乐迷的儿子如此喜欢这首歌，当他沉浸在音乐的世界时，却被我这个十足的音乐盲的父亲不通人情地“臭骂”一通，我简直是羞愧万分。想到现在我们父子两人美国东西海岸万里相隔，我们已经无法回归当年儿子如此纯真的年代，我的眼眶再一次湿润了。

这个“磁带风波”之后，我又趁热打铁对孩子说，以后有机会再帮助爸爸提高一点音乐修养，或许还可以给我写一篇小文章介绍一下青少年中颇为流行的说唱（RAP）音乐。几个月之后我看儿子没有动静，也就把此事淡忘了。然而某个周末的晚上，孩子如约交给我有四页纸的说唱音乐介绍。儿子在文章中简单地介绍了 RAP 音乐的起源和发展，并附上了几首经典 RAP 歌曲的歌词。他在文章中介绍了 RAP 音乐是如何从美国黑人早期的自发的节奏强烈的田间劳动音乐逐渐转化成美国大都市黑人青少年中流行的语言粗狂、感情激烈的音乐的。正是由于这种音乐具有强烈的城市黑人和南美裔少数民族生活气息和反正统音乐的特点，因此对居住在都市郊区中产阶级家庭的孩子具有一种特殊的新奇和诱惑。

下面是这篇文章的内容摘录：

说唱 / 饶舌：音乐背后的意义

沈　岳

说唱（RAP），也被称作嘻哈，是一种美国社会中的流行音乐，特别是在黑人社区。它的根源在非洲，美国早期奴隶制度时由黑人带到了这里。在那个时候，黑人奴隶只有鼓这一种乐器，他们就用鼓的节奏来为自己伴奏。这种音乐就保留在了黑人文化里。20 世纪 60 年代，“糖山帮”（The Sugarhill Gang）和其他歌手推广了这种音乐，他们的音乐也就最先成为主流音乐。

RAP 现在已经无所不在了。有很多著名的说唱歌手：Snoop Dogg、Jay-Z，Dr. Dre、Coolio、Busta Rhymes、Master P.、Juvenile、Ice-T、Will Smith、Puff Daddy，以及名声不佳的 Eminem。此外还有一些乐团：The Cash Money Millionaires、Big Tymers、N.W.A（Nigger With Attitude）以及 Wu-Tang Clan。甚至连 Shaquille O’Neal（美国著名的篮球明星）也尝试过 RAP。

下面你将听到的第一首歌充满了愤怒，整首歌不是唱出来的，而是吼出来的。歌名是 *What's My Name*，作者是 DMX。这段歌词的大意是 DMX 在辱骂那些想从事RAP的黑人歌手，他说这其中半数的歌手是混蛋，根本没有资格在这里混下去。歌词中到处都是辱骂人的粗话，还提到了枪支和暴力。这首歌就是DMX宣扬自己如何了不起，如何恶劣霸行的。RAP歌手总是极力抬高自己，炫耀自己多么强悍，多么富有，以及拥有多少女人。然而，这些话中也有一些真实的价值，反映了那些街区里的一种生活方式。如果一次行动不当心，你就可能丧命。这首歌有三个节奏（通过Blams来表现出来），他先是吼叫出第一句歌词，然后用一个长句来突出上句话的意思。

……

好了，现在我要准备结束了。我希望你喜欢我关于RAP音乐的评论。下次，我会谈谈RAP音乐对主流文化和生活的影响。谢谢大家，并祝大家有美好的一天。最后我要以我的一首小小的RAP诗歌来结束。它的名字叫作《非正式的中国国歌》：

我现在要和你们把话说清楚，
因为我知道你们会问个没完。
哪个国家最超强？
中国，我们早在世界亮了相。
论大小？我们早已过了线，
说人口？你不是在开玩笑。
我们是中—国—人！
你知道其他人见了就丢了魂。
因为我们有太极、中药、茶、猪肉炒饭，
哦，当然还有我！
我们在世界上做什么都叫人服，
体操、乒乓球，还有功夫。
中国的孩子在学校是最最棒，
你们不开窍，偏偏还要找麻烦。
我们的学习分数高得不可攀，

恕我直言，你们都是些笨蛋。

我们有黄皮肤、黑头发和黑眼睛，

我们强壮、敏捷、小而精。

为什么，你们这些白痴还要笑，

这就是为什么我们都是呱呱叫。

现在我想你知道了中国为什么赢，

我希望你们这些家伙不要太上心。

这首歌是说中国如何棒，

如果你不是中国人那就站一旁。

记得沈岳开始喜欢 RAP 音乐之后，他整天都会不停地吟唱和聆听这些歌曲。他放学后到体操俱乐部去练体操时，也会忍不住要哼上几段这些曲子。他的体操教练正好是一位黑人，在城市黑人居住区长大，对 RAP 音乐中所表达的那些“非正统”的内容有一种不同的切身感受。当他听到沈岳在哼唱这些歌曲中一些比较“负面”的歌词时，他显得相当吃惊，并一再劝告我妻子要对沈岳的那种“音乐爱好”多加关注。

我看了沈岳的音乐评论文章之后，感觉写得很不错，但是由于自己是音乐门外汉，所以心中没有底，因此就请我工作单位的一位颇有音乐修养并曾就读哈佛大学的黑人同事阅读这篇文章。他看了文章之后大加赞赏，告诉我说，他刚开始阅读时还以为是一篇专业的音乐介绍文章呢。他如此分析了沈岳对 RAP 音乐的喜好：许多孩子（包括不少住在城市郊区的白人孩子）对 RAP 音乐的欣赏只是感到新奇，觉得很酷，那只是感官上的刺激和认同，比较肤浅，谈不上有多少欣赏。当然也有一些孩子对这些音乐达到了感情层次上的欣赏，或许到了如痴如醉的地步，并对那些歌星顶礼膜拜，视为偶像。但是沈岳对 RAP 音乐的欣赏已经开始上升到理性的层次，这是与他同龄的青少年孩子很少能够做到的。

由于得到“高人”的指点，我对沈岳的音乐爱好和理解能力开始刮目相看了。

那一年圣诞节，沈岳送给我和妻子一份特殊的礼物。他在电脑上下载了五六首说唱音乐发展中不同时期的代表歌曲以及它的歌词，然后把它们刻在一张光盘上，同时还自己设计了一张彩色光盘封面。这样我们在电脑上既可以听到音乐又可以直接看到歌词。尽管我早就领教了RAP音乐歌词的“狼藉名声”，但当我直接一词一句地看到这些歌词时，还是感到了无比震惊（同时我更能理解沈岳的那位黑人教练为什么对沈岳如此酷爱说唱音乐歌曲表现出相当的关切）。我对RAP音乐的起源和社会背景有了一定的认识和了解，因此我还是能比较理性地“欣赏”这些歌曲的。

有了这样的学习，我也开始对美国的各种流行音乐感兴趣，平时注意在阅读报刊时了解一些RAP和其他流行歌曲的动态及当红流行歌手的花边新闻，并不失时机地主动向儿子请教最新流行音乐和歌曲的动向。

沈岳对RAP音乐的兴趣有增无减，不久他自己尝试谱写了几首他认为很时尚的RAP歌词，并把它们放在自己刚建立的网站上与朋友分享。我有一次听到他在电话里对他的朋友兴奋地大叫：到网上查找英文的中国RAP歌词，结果他的两首自编歌词排在谷歌检索的首位。

那年夏天，沈岳到南京体育学院与同龄的孩子一起进行了体操训练，其间多次听到并学会了中国国歌。回来之后，他创作了一首《非正式的中国国歌》（*Unofficial Chinese National Anthem*，前文已呈现）。后来当我们中文学校校刊开展庆祝中国赢得了2008年奥运会举办权的学生征文活动时，我建议他把他的那首歌词稍作修改去投稿。我和他一起逐字逐句地把歌词翻译成中文（其间为了中文措辞的音韵和词语的“清洁”，又做了一些文字上的改动），并在我们中文学校校刊上发表。

当我得知美国知名白人RAP歌星埃米纳姆主演的带有自传性质的《八英里》（*8 Mile*）电影上映时，我从与沈岳的言谈中看出他很想去看这部被定为“限制级”的电影（即所谓的R级电影，13岁以上的孩子只有在成年人的陪伴下才能观看），我就主动提出带他一起去看这部电影。他很欣喜地接受我的邀请。虽然这部“限制级”的电影有一些不可避免的男女色情、肮脏言语及暴力行为等内容，但是总体上说，我个人的观后感还是比较正面的。我和孩子从不同的角度（主要是从理性上）观赏了这部电影。对我来说，最大的收获是增进了与沈岳的交流和沟通，并有机会加深对他所热爱的青少年流行文化的理解和欣赏。

沈岳对流行音乐的无比热情从来没有减弱过。他的一大爱好就是在晚上洗澡的时候唱歌。据许多西方心理学家说，在洗澡时喜欢尽情唱歌的人，一般是自我幸福感程度较高的人。不知不觉中，我也开始对西方流行歌曲产生了更多的兴趣。在我的汽车音响系统上，我设置了几个固定的电台频道，其中包括我最喜爱听的新闻电台和音乐电台。在音乐电台中，有两个古典音乐电台和两个流行音乐电台。在上下班一个小时的开车路上，我开始疏远了古典音乐电台。如果感觉办公室一天的工作比较紧张，我上车之后不再想听比较严肃的时政电台时，我的第二选择就是本地的软式摇滚（soft rock）流行音乐电台。

小贴士

《那个男孩是我的》在1998年5月发行不久之后就登上美国流行歌曲榜首，长达13周。这首歌的两位演唱者因此而扬名于美国和欧洲歌坛。2004年我回国内探亲，在与朋友家庭聚餐时，我谈及沈岳的这段往事。我当时把这首歌名误说成"*He Is Mine*"，我国内朋友在高中就读的儿子立刻纠正了我，他说应该是"*The Boy Is Mine*"。这首歌在国内的知名度由此可见一斑。有兴趣的朋友们可以在网络上检索到这首歌，聆听后之后做出自己的判断。

暑期“回家”作业之争

家长经常说，要改变一个孩子的习性真是太难了。但是在我看来，家长要改变自己的家教作风会更难。

实话说，“磁带风波”使我受到了相当深刻的教育，但是一年之后一场更大的家教风波向我袭来。这一次我是彻底地被“打翻在地”，没有任何“招架”之力。

下面是我们家在中文学校暑假家庭野营度假时表演的剧本。这个剧本完全属于“纪实文学”作品。当天临时被告知每家一定要有节目，于是我们全家匆匆排练几次就上场演出了，演出之后获得了一致好评。有几位家长特意来告诉我，如此的家教风波在他们家里时有发生。

下面是我们全家当时演出的剧本。

时间：1999年夏季的一个周末上午。

地点：美国麻州波士顿郊区的一个华人家庭。初中八年级学生沈岳正在家中客厅的电脑上听音乐，玩电子游戏，还不时地和朋友在电话中聊天。爸爸在餐厅叫了沈岳几声，见没有动静，就走进客厅，看见沈岳坐在电脑前，又叫了几声，还是没有动静。爸爸满脸愠色，走到沈岳身后，一把拽下他头上的耳机。

爸爸：沈岳，放假都几个星期了，怎么整天就看见你不是听音乐，就是上网玩游戏，或者和朋友电话聊天，就是没看见你做点回家作业。

沈岳：爸爸，你在说什么呀？现在是夏天，放暑假，我们没有回家作业。你来美国这么久了，你又不是不知道，美国学校假期是从来没有什么回

家作业的。（沈岳重新戴上耳机，玩起电脑游戏）

爸爸：（怒气冲冲地又拽下沈岳的耳机）没有回家作业？好吧，就算学校没有布置回家作业，那你就不能自己找点什么东西做做？

沈岳：我想不出有什么东西可以做的。我现在每天都有半天的体操训练，今天又是星期六，我听听音乐，玩玩电子游戏，和朋友聊聊天，这有什么不好？

爸爸：你准备暑假两个月就这样混过去？听听乱七八糟的音乐，玩玩那些一点也没有教育意义的电子游戏？你这样下去，暑假过后你的脑子就会越来越笨。你明年就要升到高中九年级了，你知道吗，高中年级的课程都要分班，你如果成绩不好就进不了聪明班，只能进慢班，搞不好还要到"垃圾班"。

沈岳：（满脸疑惑）爸爸，什么叫"垃圾班"？我怎么就没听过这里的高中有什么"垃圾班"？学校分班和垃圾有什么关系？

爸爸：（既好气又好笑）我知道，这是我说的气话。过去中国学校里就有"垃圾班"，是指那些慢班，就是把那些"笨"的学生，也就是学习成绩很差的学生分在一个班，就叫"垃圾班"。因为分在那种班里的学生基本上不能毕业，更不要说考大学了，所以学校对这些班级的教学没有什么要求，马马虎虎过得去就行了。

沈岳：美国学校没有什么聪明班和笨班。爸爸，你知道在我们高中只有Honor Class（荣誉班）、Curriculum I（课程 I）和 Curriculum II（课程 II）。大家的学习兴趣不同，上 Honor 班的也并不都是聪明的，上 Curriculum I 和 Curriculum II 班的学生也并不都是笨的。大家的学习兴趣不同，选课也就不一样了。不是所有同学都喜欢上 Honor 班，有一些同学只是学习上有点困难，所以上 Curriculum II 班，我们大家哪个人学习上没有一点困难？

爸爸：好了，好了，爸爸是搞教育的，怎么可能不知道这些情况呢。我早就听说这里的高中英语荣誉班很不容易进去，你去年学校考试成绩肯定不是全 A，你还记得吗？

沈岳：考试早就过去这么长时间了，我怎么会记得呢？我想大部分的成绩是A或者A^-，可能有几个B吧。

爸爸：我就说你没有达到全A。你看你的朋友Ying这几年一直是拿全A的，你怎么不和他比比？

沈岳：Ying拿到全A我为他高兴，我的成绩有什么不好呢？

爸爸：你这样的成绩只能在美国同学里混混。我觉得你这几年好像从来没有拿到过全A的成绩。对了，我记起来了，你上学期的英文学年成绩只拿到了一个B^+。你就练练英文写作吧，要不你就每天写一页日记吧。

沈岳：（满脸的不高兴）什么？每天一页日记？有什么好写的，我写不出来。（说完话，沈岳又想戴上耳机）

爸爸：你如果写不出来，就说明你的英语真的不行了。我记得放假前英文课最后的作业是写一个读书报告，你好像只拿到了一个B。

沈岳：爸爸，那本小说我不喜欢，读起来一点儿劲都没有，实在写不出来什么东西。我最不喜欢去评论那些小说里的人物了。

爸爸：这样吧，你就随便在家里找一本你看过的书写一个读书报告，写好后这个周末我就不管你了。

沈岳：我喜欢看书，但是家里那几本看过的书都没有什么好写的。我现在一点也不想写什么东西，我实在写不出来。（沈岳又开始玩电子游戏）

爸爸：（把手搭在沈岳的肩膀上以引起他的注意）记得我当年在中学读书时，有一次作文考试，因为紧张，把作文题目的意思理解错了，结果考试不及格。我的爸爸，也就是你的爷爷，就让我整个暑假每天写一篇日记。我当时一个暑假每天都要在家里待上半天时间写日记，算了，我不说这些了。你今天就给我随便写点什么东西，反正只要写满一张纸就可以了。

沈岳：我还是不知道要写什么呀？我想不出有什么好写的。

爸爸：（有点恼羞成怒了）随便你写什么，你只要写出一张纸，你就可以出去玩了。

沈岳：（想了想）好吧，爸爸你自己说的，写了一张纸我就可以出去玩了，不管写什么都可以。

爸爸：好，你现在就去写吧，不要再浪费时间了。

沈岳:（开始在电脑上英文打字）

我喜欢写作，但不是这样写。这样的写作练习真是笨。我不喜欢这样写。这样写一点劲都没有。这样写作练习真是笨透了。我没有什么可以写的。我不想做这件事。我不想这样写。我本来是喜欢写作的，但是现在我什么都不想写。叫我这样写东西真是笨。我不喜欢这样写东西。我在重复自己的话。

……

我终于就要写到头了。我可以看到亮光了，那隧道尽头的亮光。这亮光将要给我带来自由和胜利……算了，算了，我已经没有一点力气再打字了，我做完了！！我可以走啦！

沈岳：爸爸，我写好啦！我打印出来了，你自己去读吧！

爸爸:（走进客厅，沈岳递过来打印好的一张写作的纸，然后就要奔出去）什么，半小时还不到就可以写出一页纸的一篇文章，我不相信，沈岳，你等等，我看完之后你才可以出去。（坐在电脑前开始读沈岳写的文章）“我喜欢写作，但不是这样写。这样的写作练习真是笨……”沈岳，你这是在写什么？什么乱七八糟的东西，这种东西你也写得出来？你，你，你……

妈妈：你们父子在吵什么？声音这么大，我想人家邻居都要有意见了。

爸爸：你看看，我叫沈岳做点家庭作业，写一点东西练练英文，你看他写了些什么！

妈妈：我来看看，哪有这么严重，沈岳，写了些什么东西，让爸爸发这么大的火？

沈岳：爸爸叫我做回家作业，我说学校没有回家作业，爸爸就不高兴，一定要我写一篇作文，我说我不知道写什么，爸爸就说不管写什么，只要一页纸就可以了，所以我就写了一张纸。

妈妈：我看既然要孩子写一张纸，他完成了任务，就随他去了。好吧，沈岳，你就去玩吧。

沈岳：Freedom at last，freedom at last！（终于自由了，终于自由啦！）

爸爸:（怒气未消）你就看看你的宝贝儿子到底写的是什么好东西吧。

妈妈:(坐在电脑前)好，我来读读看。

我喜欢写作，但不是这样写。这样的写作练习真是笨。我不喜欢这样写。(妈妈：哼，是有点不那个……)……(对着丈夫说)你看，你是搞教育的，怎么能这么强迫孩子写作文？孩子的话听起来好像很刺耳，但是确实也是有道理的。我们中国文化不是说“有感而发”吗？你读读看，沈岳的文章确实有些才华，如马戴上嘴套怎么嘶叫？鸟儿关在笼子里，口中被塞进了一个布团，如何唱出好听的歌？我看儿子写的东西比你有些教育文章还要耐读，没有任何说教，都是心里话，而且还配上这些通俗易懂的比喻……

爸爸:(面露难堪)不过就算是儿子心里话，他也要给老爸留点面子呀。

妈妈：你又来讲面子了，你儿子也算是够聪明了，平时上学时间体操训练要好几个小时，晚上九十点以后才能做回家作业，也够辛苦的了，还能得到这么多的A。再说，你对儿子大吼大叫，又给儿子多少面子？

爸爸:(似有醒悟)是啊，这篇文章看起来还真是有点儿味道，这小子写东西看来还有两下子。

妈妈：你看，他还用标点符号和各种颜色、大小不等的字体来强调他的感情色彩，我看这些比喻用得还真是蛮恰当的。

爸爸:(脸上“阴转多云”)好吧，我今天就给他“放羊”了。其实我心里知道这小子真的是会写东西的。

妈妈：我看啊，要是你真的觉得儿子还写得不错的话，找个机会好好和他谈谈，以后不要再冲他吼了。如果你要有修养的话，或许还可以来个赔礼道歉，他也是个大孩子了。

(爸爸沉默无语，拿着儿子的“作文”走出了客厅。)

到底谁是老师?

塞翁失马，焉知非福。如果说第一次的“磁带风波”，沈岳还给我留了一点面子，“回家作业”对我而言就是“体无完肤”的失败，我这个自以为是的“教育者”也以完败而告终。正是这次的失败，开启了我的家庭教育之旅。这个故事多年后也成为我教育讲座中的“保留故事”，每次我手舞足蹈地讲到这个故事时，听众总是满堂大笑，叫好不断。

多年之后，我有机会读到 20 世纪初意大利著名教育家玛利亚·蒙台梭利的名著《有吸引力的心灵》。蒙台梭利在这本书中探讨了儿童发展障碍的影响。她提到自己曾经对孩子的管教非常严厉，但是许多时候如果成年人的严厉行为不能被儿童理解，就有可能给儿童的心灵留下创伤。

当我大吼一声要把沈岳的音乐磁带扔出汽车窗外时，我并没有解释为什么会有这样的怒气。如果沈岳的年龄再小一些，或者他的个性相对怯弱些，那么他很可能就此忍气吞声地接受了。但是他会在潜意识里留下对我这个父亲以及这盘音乐磁带的阴影。同样，沈岳与我在回家作业上发生的冲突也同样会给他留下负面影响。

在传统的教育行为里，我们这些自以为是的“教育者”似乎天生就被赋予了可以随时对“被教育者”进行粗暴说教的权利。我们以为已经掌握了“真理”，没有必要和义务来告诉那些“被教育者”为什么一定要按照我们的意愿行事。当孩子以自然的天性要我们解释我们的言行时，我们又会觉得他们是在向我们挑战，不由自主地感到自己的权威地位受到了威胁，因此不顾人文教育的基本原则对儿童进行更多、更严厉的“教育”。实际上，我们是在以“教育”为名，行“暴君”之实。

但沈岳在自己的“檄文”中提到：我最近读到一篇调查报告，如果青少年的家长用写作或者其他类似的东西来惩治他们的孩子，那么这些青少年长大之后可能出现类似心理闭塞症的症状，甚至还会用毒品……总之，像这样强迫我写东西，我长大之后就会真的变笨，甚至神经都会出毛病了……我现在每每读到沈岳的话总是感到不可思议，他当时怎么会写出如此的文字。现在心理学家已经用大量的研究报告和数据证明，儿童需要通过与看护者（可以是家长或其他主要看护人员）之间的交往建立对环境的基本信任感。如果这种信任感没有建立，孩子就会在成长过程中发展出不信任感、不安全感、内疚感和焦虑感。毋庸置疑，这类孩子极有可能成为各类“神经障碍”患者的候补人员。

这不是“童言无忌”的小问题，这是“童言道真”的大道理！

我后来专门问沈岳在哪里看到的这样一份调查报告。他笑着说，当然是我当时为了凑字数凭空乱想出来的。一个毛头孩子在情绪激动的时候会想出一个我们许多家长一辈子没有搞懂的家教问题的答案，确实令人拍案叫绝。

这是两个对我而言意义深刻的“教育机会”。本来是我想要“教育”沈岳，结果却被他“教育”了。通过对这两起事件的反省，我和沈岳在家庭教育过程中的身份开始发生了变化。我开始时时注意如何从沈岳的言行中得到教育，不做“学生”，要做“先生”。只要我们放下身段，诚心诚意地与孩子交流，他们都能够成为家长的“先生”。

直到今天，我还会时时通过这两个例子来反省自己的家教行为，并引以为鉴。

自我意识的构建

20 世纪中叶美国著名发展心理学家艾瑞克·艾里克森提出每个儿童必须成功地通过一系列的心理社会性发展阶段（psychosocial stages），从而在心理上健康成人。然而，在每个发展阶段都会有一个比较主要的冲突或危机，如果这个冲突或危机不能顺利地解决，就会给其后的心理发展阶段留下阴影，甚至是隐患。艾里克森把自我意识的形成和发展过程划分为八个阶段，“青春期”（12 ～ 18 岁）是其中的一个阶段，也是为许多学校和家庭所熟知的“风暴期”和“叛逆期”。

艾里克森告诉我们，青春期阶段的个性发展主要集中在孩子与父母、与同伴的关系上。在与同伴的交往中，青少年逐渐确定他们发展中的社会身份，决定他们要成为哪种人，以及要与同伴发展哪种关系。当孩子的关注点从家庭转移到同伴时，同伴们价值和行为的影响也就超过了来自父母的权威。我对《那个男孩是我的》这首歌的强烈反感以及沈岳的反驳，还有我和沈岳发生的回家作业之争，以及他对我的权威的“无所畏惧”的挑战，都是可以理解为是这些冲突的结果。

艾里克森的个人社会心理发展阶段的理论主要是建立在西方社会文化基础上的。所以这个理论的基础是以西方崇尚的个人自由和个人发展为主线的。这样的理论自然不能同以尊重集体利益和权威意识为主的东亚儒家教育理念相融合。然而，正因如此，对成长于海外华人家庭的孩子来说，“青春期”的风暴可能来得更加猛烈。

华裔家庭的孩子在青春期与父母在成长理念和实践中所面临的“代沟”是不争的事实。许多第一代华裔移民家长一辈子也没有很好地找到一条跨越这个包含着儿童自我意识和东西文化观念双重隔阂的“沟渠”。第一代移民家庭的孩子，更容易在自身少数民族的地位以及家庭文化与主流文化之间的差异前面感到迷茫，并丧失确立自我意识的良机。我们的孩子也就更容易困扰于“我到底是谁？”和“我到底要成为什么人？”这样的自我定位问题。如果不能很好地回答这两个问题，孩子的人格发展过程就会受到更多的干扰。

沈岳主要是通过自尊自信和语言表达能力，比较顺利地通过了这个意义非凡的人生心理社会发展阶段，并把可能的危机转化成通往自信自强、内力觉醒的大门。

作为一个父亲和教育人，我也是沈岳“青春期”的最大受益者。通过与沈岳的交流和沟通，以及回应沈岳的批评，我有机会弥补过去心理社会发展阶段残留的问题，回答“我到底要成为什么人”这个因为社会环境发生变化之后必须重新回答的问题。

第二章　成才篇

1 体育运动精神礼赞

运动对心理发展非常重要。心理和精神的发展都离不开运动。如果没有运动（心理的），健康和发展是不可能实现的。

——［意］玛利亚·蒙台梭利

踏上体操竞赛路①

沈岳自幼精力充沛，聪慧敏捷，大胆好动，从不惧生。两岁进幼儿园后不久，老师就抱怨说："你儿子在排队从教室出去到操场活动时，总是第一个冲出去，抓都抓不住。就是抓住了回来罚坐一会儿，回到操场上玩时，又是第一个冲出去，爬到大孩子们玩的高架滑梯上……把我们老师都吓坏了……想想你们两人都是大学老师，怎么这个儿子就像个'拆天大王'呢？"

此后，沈岳的大胆、快速、敏捷以及"超级好动"在幼儿园出了名，也给那里的老师增添了许多烦恼，他们为此不得不加倍小心地照看沈岳。

同时，我们也常常听到老师夸奖沈岳记性好、学习能力强。"今天我们学唱歌，他是第一个能从头到尾唱出来的。我们学儿歌，他跟着念了两遍，就开始坐不住了。当时叫几个乖孩子背歌词，他们都还没背出来，可是叫沈岳背，他却能够背得一字不漏。"沈岳班的张老师说："我真是又气又开心。"到了托儿所不久，沈岳就成了那里无人不知的"调皮王"了。

沈岳三岁时跟着我来美国波士顿地区探望安平，我一路上提心吊胆，在

---

① 世界奥林匹克委员会前主席萨马兰奇曾对体操做出如下定义："在所有的奥林匹克运动项目中，体操项目是那种能够最好地展示出竞赛中的内在技术标准，并且和谐地把力量、优美、勇气和耐力结合起来的一种运动。"

但这条通往"力量""优美"和"勇气"的道路，却是崎岖、漫长的，当然也不可能是完美的。

沈岳体操的先天条件、后天启蒙，以及成长过程的主导者都是时辛，所以沈岳的体操故事由时辛自己来叙述是最自然不过的了。"体育运动精神礼赞"中的《踏上体操竞赛路》《如鱼得水乐无穷》《道不同来不相谋》《初生牛犊不畏虎》《志同道合出高徒》由时辛来执笔叙述。

机场换机时用绳子拴住他，然后把绳子的另一头系在我腰间的裤带子上。至今每每回想当时一个人带沈岳来美国，还是有点儿后怕。

因为自己是大学体操教练和体育教师，我赴美不久就在麻州体操中心找到了体操教练的工作。当时麻州体操中心的主管对我说：在我这儿当教练，如果将来你的孩子要来上体操课或参加体操训练，一切都会免费。当时我并不觉得这是什么了不起的优惠，因为我压根儿也没打算让我的儿子去学体操。我任教的麻州体操中心设有普通体操活动班，从两岁幼童到高中学生都可以参加。但是我当时完全不想让沈岳去参加体操训练，反而将他送到了收费的邻居家庭托儿所。

我自己从七岁开始就被选进了当地的少年业余体校，从此开始了我的体操生涯。我当时训练的作息时间里，除了星期天出操后可休息一天，常年要在没有暖气没有空调的体操房里训练。训练时磕磕碰碰是家常便饭，带伤训练的日子更使我刻骨铭心、难以忘怀。在 1977 年“文化大革命”之后第一次大学招生考试中，我以优异的成绩考取了苏州大学，因为当时对考生的年龄限制我与梦寐以求的北京体育学院和上海体育学院失之交臂。四年之后，我又以优异的专业学习和体育竞技综合成绩留校，担任体育专业的专职体操教师和大学体操队、艺术体操队教练。留校任教期间，我参与撰写了专业课教材，还承担了学生管理工作，几年后评上讲师。尽管我在教学和训练中是挑大梁的人，但还是能够感受到社会对“搞体育”的人的偏见。即使是在大学里，体育学科似乎也没有得到足够的重视。因此，我决心不让儿子再走我的路，希望他能在美国“学好数理化，走遍天下都不怕”。

所以到了美国之后，我坚持不把儿子带进我工作的体操馆。一晃三年过去了，六岁的沈岳上了一年级。美国的小学下午早早就放学了，我们就交学费让他待在学校的校后活动班（after school program），由老师照看孩子们玩游戏。一年级的小朋友跟三四年级的大孩子在一个教室里，热闹有趣。可刚刚开学没两个星期，一个星期天的早上，儿子突然对我说，他在校后活动班里学了个翻跟斗的本领，要做一个给我看看。当时我正在厨房做饭，就问他要到外面草地上去做吗？他说不用的。我心想在这硬邦邦的瓷砖地面上，他能做什么呢？最多做个手倒立前翻，或模仿武打片中的倒地跃起动作吧？正想着，只见儿子向后一跃做了个后手翻，这让我又惊又喜又害怕：这小子才六岁，从未去体操俱乐部上过一节课，看着别人“显本事”就学会了。而在我们俱乐部上体操课的小孩一般要学上几年才可以。即使训练队里的孩子也需要一年半载的训练才能学会这个动作，而且还是在老师的保护帮助下，才能逐渐独立完成。从我的专业角度看，他的动作技术很不标准，身体在空中是弯的，看起来很“丑陋”，也很危险。这情景让我开始担心了。

当时我已在麻州体操中心俱乐部执教三年，对美国体操运动训练和比赛的运作有了比较全面的认识。中美两国体操训练与比赛机制有很大的差别。美国的体操赛事与其他许多竞技比赛项目一样，都是由民间和私营机构来运作的，当然也都是收费的。正因如此，家长对孩子体育训练和竞赛参与度高，并且具有很大的选择和决定权利。换言之，对于一个富有天赋和运动才能的孩子来说，家长和孩子可以自由选择将来的体育运动发展方向，并确定训练的强度和时间。看着沈岳优异的身体条件和对体操运动的热情，我决定带他去体操中心的普通体操班试试。我想至少要把这个后空翻动作做得正规点，免得他在别的场合“卖弄”本领时伤了自己。

可这一步跨出后，便一发不可收了！

如鱼得水乐无穷

每个来体操中心报名的孩子都有一个入学测试，沈岳当然也不例外。一般入学测试是从孩子最基本的动作能力开始。测试的老师知道沈岳是我的儿子，就直接让他做了几个动作，翻了几个跟头，然后上器械学做了几个动作。这个测试把平日里孩子在普通体操班学了两三年的动作都做了个遍。看到沈岳优异的测试结果，老师当即叫来了体操中心少年男子体操队的主教练一起增加测试内容。测试完毕时，男子少年体操队的主教练兴奋不已，马上对我说："你儿子不要上普通体操班了，立即进我的少年男子体操预备队吧。"就这样，六岁的沈岳开始接受比较系统的体操训练了。

总体来说，20 多年前美国男子体操队的训练远不如女子体操队的训练那么正规。我们体操中心也不例外。当时，麻州体操中心男子少年体操队主教练将主要精力放在 10 ～ 12 岁以及 13 岁以上的两个年龄组里，而 10 岁以下的男子小队员则由一位兼职教练来负责。这位兼职教练本来是一位电子工程师，本人并没有受过专门训练，只是爱好体操运动，会做些体操基本动作。这里的启蒙训练课每周只有三次，每次课时一般不超出三个小时。因为我平时每天都训练女子体操队队员，体操中心主任允许我每天可以把沈岳带去训练。这样沈岳可以"玩"体操，同时又省却了额外的托儿费。我给沈岳在规定的训练时间之外设计了一些身体素质和基本动作练习，然后让他跟 10 ～ 12 岁年龄组的孩子一起练习。

沈岳一般在训练之前先在我的办公室里看书做作业，并且做一点我专门为他准备的与学校学习有关的“家庭作业”，这样他就不至于“浪费”体操训练课之前的空余时间。自然而然地，沈岳知道了学校学习总是排在第一位的。让我感到无比欣慰的是，沈岳对学校的课本知识学习始终充满了兴趣，从来没有在学习上流露出任何一点畏难情绪。如果说兴趣是成功的开端，那么沈岳的学校学习和体操训练都是如此，并且贯穿始终。

就这样，经过一年少年男子预备队的训练，沈岳七岁时到了美国体操协会规定允许参加男子体操比赛的最低年龄线。当时美国男子青少年体操比赛的最高级别是一级，最低级别是七级。沈岳七岁参加第七级比赛，八岁参加第六级比赛，九岁参加第五级比赛。通过这几年的“玩呀”“练呀”“赛呀”，沈岳日益显示出他对体操运动和比赛的极大兴趣和天赋，很多有难度的动作没有怎么练就掌握了。同时，他对技术性比较强的动作，也是拼命苦练，摔倒了爬起来再练，从器械上掉下来了，一打滚又爬上去再练。在我的记忆里，沈岳从来没有流露出对体操训练畏难和退缩的情绪。

虽然沈岳的体操技能进步较快，但是他并不十分在意比赛成绩。经过两年训练，沈岳终于获得到了他“体操生涯”中的第一块全能奖牌。有一次，沈岳在一个小规模比赛上得了全能第六名，而他这个级别的参赛选手总共只有十来人，有几个平时水平不如沈岳的队友却获得了比他更好的名次。赛后沈岳照样和其他队友谈笑风生，与队友及家长一起聚餐时也是“欢声笑语”不断。在驱车回家的路上，安平拉长脸，一言不发，车子里尽是沈岳的谈笑声。这时候安平有点儿坐不住了。“我为你的比赛成绩感到羞耻！”安平对沈岳冷不防地“大喝一声”。沈岳停了片刻，然后低声说：“我不感到羞耻！”他的声音并不大，但我听起来却是掷地有声。

回家路上，我想安平大概觉得有失面子，一直沉默不语。几天后，我看安平终于冷静下来，就对他说，作为一名以教育为职业的家长，你这样评论孩子是不妥的。孩子年龄小，参与体操活动主要是从兴趣出发，为什么一定要拼个好名次呢？更何况比赛时影响成绩的因素很多。对孩子比赛成绩的过分苛求，一伤积极性，二伤自信心。

慢慢地，我看安平也有所“觉悟”，很少使用激愤的语言来评论沈岳的比赛成绩。沈岳的比赛成绩不理想时，我们各自提醒自己不用任何“情绪化”的语言来笼统地评论比赛的结果。以后我们有了录像机，我就注重通过观看比赛录像和沈岳一起分析他动作的质量，理解动作的不足之处。当然，父子之间有时仍然免不了因“评价”的角度和语气不和谐而发生小小的争论。

当时麻州有两名和沈岳同龄的运动员，在各项体操比赛中经常名列前茅，引人注目。我们在比赛时总是注意把他们的比赛动作录下来，给沈岳作为参照和学习的对象，或许我们潜意识里还是希望沈岳把他们作为竞争对象。其中一个孩子在比赛时特别投入，赛前积极热身，比赛时总是拼劲十足。如果动作完成得好，他还会习惯地握拳为自己叫好，如果动作完成得不好，或者有失误，他会站在一旁默默地“反思”。我们觉得这个运动员的“素质”不错，安平更是很欣赏他的“拼搏”精神。相比之下，沈岳在赛前热身和站队时还要“忙里偷闲”地和队友有说有笑，比赛动作完成情况好坏都是“面不改色”，似乎就像是一场平时放松的训练。沈岳从来没有因为第二天有什么比赛而紧张得睡不好觉。

现在回想起来，可能正是因为沈岳有较强的个性和放松的比赛心态，他才没有轻易地被许多外来的因素所左右，在比赛中也没有因情绪起伏而影响动作完成的质量。而那两位我们当时特别欣赏的、比赛认真的男孩子，其中一个在一次参加全美体操比赛时没有发挥好，“砸了锅”，情绪上波动很大，以致在相当一段时间内才真正从比赛的阴影里走出来，另一个也因为学习和其他原因早早地结束了体操生涯。

我们经常扪心自问，在海外要孩子练体操（或参与其他体育活动）的主要目的是什么？可能有人会说当然是为了考入“藤校”！我们认为鼓励孩子（我们的女儿目前也在练体操，曾获得美国新英格兰地区六个州第十级别年龄组全能和两个单项冠军）参与他（她）喜爱并有潜力的运动项目训练，将有助于他（她）们强壮体格、提升自信，同时也能培养他们坚持不懈、敢于拼搏的精神。我们给自己和沈岳都定下一条底线：沈岳现在是个学生，无论体操训练如何重要都不能“喧宾夺主”，不能影响他正常的学校活动和专业学习。当然，我们也希望沈岳在考场和赛场上都是佼佼者。

道不同来不相谋

在沈岳 10 岁那年的暑假，我把他带到南京，找到我过去认识的江苏体操队的老领队，让他为沈岳找个教练指导一下。赵领队就安排了当时在江苏队执教的年轻有为的教练王国庆带着沈岳训练。沈岳在王教练的训导下，与当时省训练队比较冒尖的运动员同吃、同住、同训练一个半月，很有长进。他不仅提高了原有动作的质量，还掌握了几个新的难度动作。王教练尤其欣赏沈岳不怕吃苦、主动学习的训练态度和对技术要领的悟性。他对我说，“如果沈岳留在他身边一年，他一定可以让沈岳获得美国少年男子体操冠军”。

这是一个非常吸引人的“成名之道”。但是把沈岳留在中国“专职”训练体操去拼搏冠军，并不是我们想象的成功之路。特别是在审视了国内的体育训练模式后，我们觉得这样做对沈岳的全面发展会带来无法预料的挑战。如果以牺牲沈岳的正常学校学习质量来赢得比赛冠军，那不是我们对沈岳成长的期望。在如何调节沈岳的体操训练以及智育全面发展等问题上，我们经常反思中美两种教育和训练体制的特色和弊端。国内体育训练往往强调专业化和正规系统化，训练是以比赛出成绩为主导的，至于运动员今后的成长并不是教练关心的主要内容。特别是运动员的学校专业学习和身心发展需求，经常被放在次要的位置，有时甚至完全被忽略了。更遗憾的是，学生的家长在孩子全面发展方面也没有太多的发言权和选择权。

从体操技能上来说，沈岳这次回国一个多月的训练收获确实很大。他亲身经历了国内系统严格的专业强化训练，开始对我们经常给他灌输的“高标准、严要求”的道理有了一些感性认识，并逐渐认识到坚持不懈、刻苦努力和系统训练是决定技术水平高低的主要因素。当然，沈岳在国内与其他体操队员同吃、同住、同训练时，也亲眼目睹了不少队友没有足够的时间和精力来学习掌握学校的基础知识。平时训练的空闲时间，大家都喜欢玩电子游戏，谈吐之间似乎也流露出一些忧虑情绪：如果体操训练不能出成绩，以后怎么办？

那年暑假结束返回美国之后，体操中心的男队主教练看到沈岳有如此之大的进步，决定把他从小队员训练组提到与高级别的大队员一同训练，并决定带他去参加美国"未来之星"种子选手的全美地方选拔赛。这是美国国家体操协会针对 13 岁以下男子体操运动员特别设计的一个全国性选拔赛，目的是通过从地方到全国的层层选拔来物色美国的体操人才后备军。沈岳通过层层选拔，最终获得了参加全国"未来之星"选拔赛的资格。我也怀着兴奋的心情陪同沈岳和他的教练去了位于卡罗拉多州的美国奥运训练中心，参加美国体操"未来之星"选拔赛。这是一次比较特殊的比赛，其中不仅包括男子体操的六个项目的成套动作，同时还有力量、柔韧和自选强项三个项目的考核。所有项目的裁判都由专业裁判和国家队教练组成。运动员按总分高低决出名次。沈岳在比赛中表现优异，最后跻身于美国男子体操"未来之星"的行列。

第二年沈岳再次获得资格参加全国"未来之星"的决赛，并第二次跻身"未来之星"的行列。作为全美"未来之星"体操队成员，沈岳享受了每年一次去奥运中心集训并接受国家队教练训导的待遇。这使沈岳开拓了眼界，确立了目标，是他体操生涯中的第一个里程碑。据沈岳后来回忆道，这次比赛使他看到了他有能力和实力成为全国最棒的十名体操运动员。对一个正当年的男孩来说，这是一次恰逢其时的励志之行。

两次当选美国"未来之星"体操队成员，沈岳对自己的能力有了新的认识，同时也极大地提高了自信心。这是沈岳体操比赛生涯中的重大突破，从此他也开始编织成为体操明星的美梦。"外因是要通过内因转变的"，这句话又一次得到了证实。当然，每一个人的成功都是由各种条件和机遇造成的。但是儿童的早期成功经历对他们确立自信自强的心态，是很有帮助的。

正当沈岳驾起他理想的航船向着体操世界的远大目标扬帆起航时，一个突如其来的浪涛扑面而来：麻州体操中心的男队主教练接任了中心的管理工作。此后他全职负责体操中心的日常运作，专门雇来了当地一位事业心较强的年轻教练来执教。这一变故对沈岳的体操训练产生了很大的负面影响。在过去的五年里，沈岳和原来的主教练之间的配合已经非常默契，他是一位公认的善解人意的好教练，很理解沈岳的个性，同时也尽量让沈岳在训练中发挥自己的积极主动性。尽管原主教练对这位新来的教练有了不少交代，但沈岳还是没有得到这位新教练及时的理解和欣赏。

经过一段时间的观察，我注意到这个新来的教练不太注重基本技术的难度动作训练，相对热衷于发展运动员的高难动作，而且并不顾及运动员是否具备了完成此难度动作的基本条件和能力。与此同时，我看到沈岳拼命苦练高难度动作，但是技术和空中概念有问题，动作很不稳定。我感觉沈岳对这些高难度动作的掌握成功率会很低。眼看一年快要过去了，赛季到了高潮，作为女队的资深教练和母亲，我忍不住找了个机会与这位教练面对面地交谈和沟通。我希望他能够加强沈岳已有难度动作质量的训练，并在大赛中撤掉那些没有把握、不成熟的高难动作。通过谈话，我意识到这位新来的教练希望通过队员学习高难动作来获得他人的认可。这种基础不打扎实就急于求成的训练方法是短视的，对我这个资深的教练和母亲来说，是不可接受的。

就这样，虽然沈岳连续两年参加了全国青少年男子体操锦标赛，但是在全国大赛上名落孙山，眼看着昔日“未来之星”的小伙伴们榜上有名，他心里非常难过。即便如此，沈岳仍没有动摇自己每周六天、每天四个小时的训练决心。他还要求在每周星期天，也就是每周唯一的休息日，带他去体操馆练习一些基本技术难度动作，以弥补日常训练的不足。

在参加了初中毕业典礼后，沈岳对我说他将来要去斯坦福大学学习。我问道：你怎么会想到这所西海岸的学校呢？你知道这所学校的入学要求有多高吗？他一本正经地回答说：我已认真查阅过了，斯坦福大学不仅有世界一流的教学质量，而且还有世界一流的大学男子体操队。至于对报考学生的要求，就是成绩要好，聪明努力，有特殊才华。我当时真不敢相信刚刚 14 岁的儿子已经立下了这样的志向。我对他说：恐怕你还没有真正理解斯坦福大学对学生的严格挑选呢。他毫不犹豫地回答说：我会成为斯坦福大学的学生，而且还要成为斯坦福大学体操队的成员。

斯坦福大学从此成为我们全家关注的大学。

初生牛犊不畏虎

任何一项竞技比赛都是有风险的，体操训练比赛更是如此。作为一个母亲和教练，每天带着儿子进出训练场所也是喜忧参半，因为运动员训练时受伤的情况时时刻刻都可能发生。

沈岳 11 岁那年的体操训练可谓是“跌宕起伏”。在 11 月底全国“未来之星”选拔赛上，他如愿以偿地再次获得全国“未来之星”预备队成员的荣誉和优待。同时，教练也在有计划地帮他训练各个项目的新难动作。

记得那是四月底，麻州和新英格兰地区的锦标赛都落下了帷幕。沈岳以优异的比赛成绩成为他所在年龄组新英格兰地区男子代表队成员，将和其他几位代表队成员一起进军全美青少年男子体操锦标赛。这是沈岳第一次进入此项比赛。当时离全国比赛还有一周时间，沈岳一天的训练也到了尾声。他在做单杠上的最后一个训练项目，他做了几个大回环热身动作，开始在单杠上做下浪下法做准备。然而，就在他在单杠上做下法撒手时，因踢腿太用力（出浪太大），他的身体抛向空中太高，身体本来应该在翻转一周后脚跟着地，但他的身体在翻转一周后还在继续翻转，结果身体失控，落地时身体几乎成 45 度斜角头向前栽地。

这是一个极其危险的动作。当时体操馆里的运动员和教练员见到此情景无不惊呼起身，急忙跑过去，把躺在地上的沈岳团团围住。有的教练立即拿来了冰袋为他敷上，只见沈岳缓缓地用双臂支撑着要爬起来。我和他的教练立即制止他做任何动作。他的脑子还算清楚，只是说脖子疼死了，不能动弹。我们把他抱上了我的车，我立刻驱车赶到波士顿麻州儿童总医院。在医院急诊部，医生经过 X 光检查后得出的诊断是，沈岳的颈椎骨没有受到损伤，但是其周围的肌肉严重挫伤，需要带上颈椎支撑环，除了躺下休息，两周内不得脱下，三周内不可参加任何运动。

第二天，沈岳回到体操馆向大家叙述了他当时发生事故的情况。然后，他恳求教练带他去观摩他第一次获得资格参加的全美青少年男子体操锦标赛，他可以为新英格兰地区代表队加油鼓劲，同时也请求我这个母亲为他放行。我们在他的一再恳求以及保证会按照医生的嘱咐行动后，许诺带他去开开眼界。

几天后比赛结束，教练和他飞回波士顿。我和安平去机场接他，当他手捧着全美锦标赛团体第三名的奖牌出现时，我们都惊呆了！我们这时才明白，沈岳不仅去比赛场为他的队友助阵加油，更是带伤上阵，参加了他的三个强项：鞍马、双杠和单杠。我的天哪，一周前刚从单杠上飞跌下来，扭伤了脖子，还敢带着颈椎支撑环参加全国比赛，并为新英格兰获得了三个有效分数。真可谓，伤痛何所惧，赛场照立功！

我这个教练妈妈此时真是夸在嘴上、疼在心底啊！

志同道合出高徒

看到沈岳如此炙热的体操激情、自信的拼搏之心和美妙的梦想之旅，作为母亲和体操专业人员，我已顾不得考虑如果他退出麻州体操中心可能会引起的“流言蜚语”了。我开始四处打听了解麻州体操俱乐部男子体操队的行情，看看是否能够为沈岳物色一名本地最好的男子体操教练。不久，我兴奋地打听到本地有一名刚刚从亚美尼亚来的年轻教练勒放。这位教练短小精悍，虽然年近30岁，平时仍然保持体操训练，甚至还在设想代表亚美尼亚国家队参加世界体操锦标赛。勒放是从小看着当年“中国体操王子”李宁的体操录像入睡的苏联“娃娃队员”。来美国后，他就职于本地一家规模较小、环境较简陋的体操俱乐部。经过交谈，我了解到他毕业于亚美尼亚一所大学的体育运动专业，体操知识水平及个人历练都相当扎实。最为关键的是，我和他的体操训练理念相当吻合。虽然勒放还没有见过沈岳，但是我已下决心（也是含着眼泪）把16岁就读高中10年级的沈岳从体操中心拉出来，交给了他和他所在的一个简陋的体操俱乐部。

记得当时勒放手上没有几个运动员，沈岳去了新的俱乐部除了要担负运动员家庭本来就要承担的外出比赛交通住宿费和教练交通住宿费以外，每月还得支付俱乐部的训练月费。过去在麻州体操中心我们家庭不用支付这笔数目不小的月费，这是我在职务上可以享受的优惠。现在，家庭开支一下子猛增，加上女儿还小，幼托费用不低，家庭财务面临沉重的压力。但是为了儿子的前途和梦想，我和安平都认了。我们步调一致，全力投入对孩子们的培养上。为了增加收入，我在远郊一所中学找了一份体育教师的工作。由于该校急需女教师，校长同意我每天一早去上课，一连上完五节课后就可离校。

就这样，我每天一大早把女儿送进家庭幼托所，再驱车一个小时去中学上体育课：田径、球类、体操，样样都教。下午两点往回赶，三点接到放学的沈岳，四点半把他送到新的俱乐部训练，再赶回自己的体操中心训练女队。在晚上八点半下班之后九点之前，去沈岳的俱乐部接他回家吃晚饭。

当时的生活节奏，现在回想起来仍觉得不可思议。安平下班后赶在六点之前去幼托所把女儿接回家，晚饭后给女儿讲故事陪她入睡。晚上九点半，我接沈岳回家之后，开始狼吞虎咽地吃晚饭。晚饭后，沈岳要完成他一天的回家作业，而我还得为明天学校的上课做一些准备。我们尽量争取在晚上12点之前就寝。至于沈岳什么时候做完他的学校功课上床睡觉，我们就不得而知了。就这样，每周六天训练，天天如此，风雨无阻。在如此紧张的高中学习和俱乐部训练中，沈岳照样挤出了时间参与校队的训练和比赛。沈岳在麻州高中体操比赛中超群的表现，不仅创下了学校体操最高分数的记录，而且创下了麻州高中生体操比赛的最高得分记录。

虽然沈岳的训练时间基本上还是保持在每周24个小时，但训练强度、密度显著提高了，而且更加系统化和严密化。有时教练还让运动员加班加点，特别重视基本功的强化训练。沈岳似乎第一次感到了苦练的滋味，有时不免有些畏难情绪，尤其是这位教练特别重视运动员的身体素质训练（conditioning）。我们第一次看到了沈岳训练回来以后满脸疲惫的表情。沈岳的上肢力量一直很强，对男子运动员来说，这是非常重要的。但是他有点平脚底，很不喜欢跑步，过去训练时也相对忽视腿部肌肉锻炼，因此下肢力量一直比较薄弱。这位新教练特别针对沈岳的情况增加了他的腿部肌肉素质训练。幸运的是，勒放不仅在身体素质方面增加沈岳的训练强度，而且在心理素质方面也加强了训练。在勒放一年的精心训练下，沈岳在麻州的男子体操比赛中表现出色，并在新英格兰地区（包含美国东北部六个州）的比赛中获得前三名的好名次。沈岳因此成为新英格兰地区代表队成员，参加了当年的全美青少年体操锦标赛。

沈岳的教练对我说，“这次比赛你儿子必进全国前六名，快订机票一起去看吧”。当时我就有点儿懵了，心想这位年轻教练还从未参加过全美体操大赛，想必是当着我这个体操行业的家长夸夸海口，给自己的运动员打气吧！在高手如云的全国比赛上，沈岳想要进入比赛的前六名谈何容易。勒放自信地说："凭这一年的训练和他的实力，沈岳一定能行！"冲着勒放如此自信的预测，我和安平各自向工作单位请假，带着幼龄的女儿与沈岳一起直奔全美青少年体操锦标赛。

按照规定，全美只有前 18 名的少年选手（14 ～ 15 岁）才有资格参加全国（成人）体操锦标赛。全美青少年体操锦标赛上全能比赛的前 12 名运动员自动获得参赛资格，还有 6 个名额通过全国锦标赛之前的一个资格赛产生。由于沈岳获得全能第 16 名，所以必须参加资格赛。他充满信心地参加了 6 月举行的资格赛，获得全能第四名，从而得到参加当年 8 月全国（成人）体操锦标赛的资格。赛前沈岳给自己定下的初步目标是要超过自己以往的最好成绩，同时力争进入前 12 名（有资格获得全美体操协会提供的每年两次的集中训练）。根据规定，在全美体操锦标赛上获得前七名的运动员即入选全国男子青少年体操队。沈岳在自己的网站上向朋友们"宣布"，如果入选国家队，将举行盛大的个人聚会来庆祝胜利。我们当时觉得沈岳这样没有把握就"放言"要进国家队，如果没有当选，岂不让人笑话？他却满不在乎地说："这样我就没有后路了，一定要全力以赴，比出好成绩呀！"

赛前我们都为他捏了一把汗，我更是紧张得夜不能寐。结果在决赛中，沈岳发挥正常，获得总分第六名的好成绩，同时在自己的强项单杠上发挥比较出色，得到了第三名。比赛结束后，美国体操协会男子体操负责人当场根据运动员的成绩，宣布前七名运动员当选美国青少年国家队成员，第八名是候补队员。这时赛场大厅音乐响起，所有的灯光聚焦在场地中央，当沈岳和其他七名运动员走到比赛场地中间接受全场观众的祝贺和欢呼时，我再也无法控制激动的眼泪。这是我终生难忘的一个场景，这时多少年来的艰辛和劳累已经完全被幸福所弥补了。沈岳后来回忆起当时的情景，说道："我感觉这一切似乎都在梦幻之中。"

我此时蓦然想起了勒放教练。当时我奋不顾身地从观众席中冲进比赛场的教练休息区，紧紧地拥抱着他。他是沈岳体操比赛成功的最大功臣之一。

小贴士

“力量”“优美”“勇气”“平衡”“柔韧”等许多类似的词语常被人用来形容体操运动的特点。体操运动是一种徒手或借助器械进行各种身体技巧活动的体育项目。“体操”一词源于古希腊语，其原意为“裸体技艺”，因为当时的运动员都是赤身裸体进行操练的。1896年，在希腊首都雅典举办的第一届现代奥林匹克运动会上，体操这一项目被正式纳入比赛。

体操的英文是gymnastics，也可以表示智力和艺术的训练。因此，体操的核心是表现人体动态和静态的美。可以说，体操是古典人体艺术和技艺中的皇冠。

团队意识与集体精神

美国的学校非常重视体育活动，很多高中有自己的学生体育竞赛团队。沈岳所在的牛顿北高中体操队就有着悠久的历史，曾连续三年夺得麻州高中体操锦标赛冠军。但是在沈岳入学的前几年，随着几名主力队员相继毕业离校，学校男子体操队成绩大幅下降。因此，体操队的队员看到沈岳初中时就在麻州男子体操界“崭露头角”，早就盼望着他的加盟，一起重振昔日学校体操队的辉煌。然而，许多高中学校运动队的教练大部分由任课教师兼职，技术水平有限，而且学校训练时间与体操俱乐部训练时间往往产生冲突，因此一般像沈岳这样在体操俱乐部参与长期正规训练，并且已经进入了全国正式比赛的运动员，都不太愿意参加学校的体操队活动。沈岳的教练也极力反对他加入学校体操队，担心学校的体操训练作息时间与体操俱乐部的严格训练制度发生冲突，也担心学校体操队的教练都是教师兼职，专业技能明显不足，可能在训练时不能提供充分的保护而使运动员受伤。

但是沈岳早已把牛顿北高中体操队的“召唤”铭刻心头，初中最后一年决心已定，我和时辛反复考虑后决定支持沈岳自己做出的参加学校体操队的决定。我们意识到对他来说，这是一次极好的参与学校集体活动和提高社会活动能力的机会。当然还有一个更加重要的原因，沈岳觉得自己早已肩负众望，他下定决心要帮助牛顿北高中体操队重建“辉煌”。

但牛顿北高中体操队的重新崛起并不是那么一帆风顺的。沈岳加盟牛顿北高中体操队的第一年，由于校队里几名较有实力的队员相继受伤，再加上他没能完全适应学校体操队新的训练时间和环境，受限于美国高中学校运动比赛的一些特殊规章制度，未能获得参加麻州高中体操决赛的参赛资格。结果，他眼睁睁地看着自己的学校体操队在全州比赛中名列末位。这一年，沈岳既花费了时间，影响了自己在俱乐部的正常体操训练，又“得罪”了俱乐部体操队教练，没有机会参加比赛获得任何名次。这对沈岳和我们来说，都是一段很难过的经历。

进入高中10年级，沈岳的学校课程日益紧张，平时俱乐部体操训练的强度也加大了。是否同意沈岳继续参加学校体操队的训练，对我们来说确实是一个棘手的难题。但是沈岳的态度很坚决：不能在学校体操队最困难的时候离开它。我们和沈岳商讨后表示尊重和支持他的决定。但是到了年底，沈岳的肩膀在训练中受伤，医生建议停止训练两个月。这时正值学校体操比赛期间，沈岳仍然坚持随学校体操队一起活动，并主动为队友训练出谋划策，担当小教练的角色。最后到了麻州高中体操决赛时，沈岳不顾肩膀伤痛没有完全恢复，瞒着俱乐部教练参赛。结果除了吊环项目获第二名（因肩部受伤没有做完整套动作）之外，拿下所有其他六块金牌，学校体操队成绩也由此上升到麻州高中第五名。学校校刊和当地英文报刊都对沈岳做了专题报道。他也因此成为《波士顿环球报》（新英格兰地区发行量最大的报纸）评选的2002年度麻州高中学校体操风云人物。

进入高中11年级之后，沈岳在专业学习上开始进入报考大学之前的“临战”状态。我对沈岳半开玩笑地说，今年你不仅有机会显示你的身体肌肉，更有机会显示你的“大脑肌肉”。沈岳的学校各项平均成绩始终在本年级保持中上水平（他所在的牛顿北高中在全麻州高中学校统考成绩中历来名列前茅），综合专业考试成绩更佳。沈岳扎实的专业基础和广泛的知识，使他在体操训练时能够更好地理解体操动作的技术要求和教练意图。在全美体操锦标赛期间，我们遇到了一位从国内来美国大学任教的体操教练。他了解了沈岳的情况后，表示很支持这种体育和学习并进的做法。他告诉我们，他很欣赏知识型的运动员，因为他们往往更有发展前途。

沈岳在参加高中体操队训练和比赛期间，与同伴们建立了团结关爱和互帮互学的团队精神。高中12年级时，他担任高中男子体操队的队长。优异的比赛成绩，使他被学校和当地报纸多次报道，并因此得到了许多奖励。特别是他在高中三年连续获得麻州高中体操项目的年度风云人物，这无论对沈岳个人还是对学校来说，都是非常亮眼的荣誉。沈岳因此成为麻州高中学校体操运动项目中最耀眼的明星。

在高中12年级开学不久，他就以优异的成绩和各方面突出的综合素质被斯坦福大学提前录取。这时他也被选为牛顿北高中的体操队队长。他信心十足，并花了大量的时间和精力与队友共同努力，来提高整个团队的水平。同时，他还专门重新设计了体操队的队服，并在每个队友的队服上标注了各自的名字。每次学校有体操队的比赛，他们都想办法设计一些别出心裁的广告，吸引更多的同学前来助阵加油。

2004年，麻州高中男子体操锦标赛对我们来说，是一个非常难忘的经历。沈岳在那天的比赛场上享受到了“殊荣”。当天的比赛是各个项目同时进行的，但当沈岳上场时，其他项目都停了下来，场上播音员告知全场沈岳即将上场。沈岳完成项目之后都会响起一片掌声，在我们身后甚至还传来几个女孩子为沈岳加油的尖叫声（沈岳过去从来没有机会获得本校女孩子为他加油的尖叫声）。最后，沈岳获得了男子六个项目中的五个第一名及男子全能冠军。当沈岳穿着他特地为此而准备的全套西装上场领奖时，全场响起了热情洋溢的掌声。

最有意思的是，那个在比赛场上为沈岳加油的最有激情的女孩，是麻州其他城镇中学的学生。她是应届高中毕业生，并请沈岳作为她的男伴参加她学校的盛大舞会。沈岳欣然答应。女方家庭为此开了一辆很有气派的体育功能车到我们家来迎接沈岳。沈岳也因此获得了双份高中毕业舞会的快乐！

体育运动精神赞

回顾沈岳十年来的体操训练比赛和发展经历，我们在精力和财力上付出了很多，特别是时辛，为沈岳在生活起居、饮食营养、日常接送、训练计划和外出比赛等方面都费尽心机，不辞辛劳。但当看到沈岳在体操竞技运动方面所取得的成绩和进步，以及由此而获得的身体和心理上的优异素质时，我们又感到无比的欣慰和幸运。

沈岳继承和发扬了时辛优越的体操竞技运动天赋，在东西文化交融的良好环境中持续健康地发展自己的体操竞技才能，同时在专业学习、身心发展上取得了很好的成绩，得到了同学、朋友的敬重以及社团成员的赞赏，这使他感到非常开心。沈岳取得如此优异的成绩，首先要归功于他的不懈努力和投入，同时也是我们全家团结合作、同心同力、互帮互学、共同提高的结果。不管沈岳今后的体操技能发展如何，过去十年的体操训练和比赛经历，已经为他一生的身心健康和全面发展打下了坚实的基础，也给我们全家提供了思想、语言和感情交流的宝贵机遇。这些都是无法以任何比赛成绩来衡量的。

在美国主流文化中，竞技运动比赛是社区群体生活中的一个极其重要的内容。这和美国文化崇尚体格强健、善于运动以及社团合作与竞争有极大的关系。从沈岳参加牛顿北高中男子体操队的经历来看，我们理解了为什么美国社会如此看重团体竞技运动比赛的结果。因为队员的成功能够给社区所有支持关心这支体育队伍的成员带来一种成就感，这种团队精神是一般商业性质的体育俱乐部所欠缺的。同时，我们也为沈岳坚定不移地选择参与学校的群体竞技运动训练和比赛感到十分欣慰。体能和竞技运动能力的训练和比赛经历，是美国孩子（尤其是男孩子）成长中必不可少的一个内容。而体育训练比赛中培养出来的抗逆意志、顽强拼搏和团队合作精神，对孩子的专业学习也是一种极大的促进。

有一次，沈岳在一个地区规模较大的体操邀请赛上获得全能第一名，我们全家都很高兴。我们觉得沈岳开始脱颖而出了，这是一个好的开端，应该借此机会多给他打气，鼓劲加油。因此，一天早上在送他去学校的路上，我又提起了这次冠军之事。沈岳听了之后没有多言，沉默了一会儿，对我说："爸爸，这种比赛的第一名实际上并没有什么了不起的。我觉得影响体操比赛结果的因素有很多，得第一名我当然高兴，但是有时你准备得很好，还是会因为一点小小的失误没能得到好名次。也可能这次我比较幸运，其他的运动员就没有这么幸运了。所以，我觉得没有必要把一次比赛的好成绩看得那么重。"

听到沈岳的这番谈吐，我感到相当惊讶。到了我这个年龄，恐怕也没有很多人能有如此的人生觉悟：人生道路上有各种偶然因素，许多事情不是我们可以随意掌控的，因此完全没有必要过分地看重结果，甚至耿耿于怀。沈岳每个赛季会参加十几次的各种比赛，他基本上是胜不骄，败不馁，极少会像有些队友那样，如果在第一个比赛项目上"砸了锅"，那么下面几个项目的比赛会因意念不能集中而错误连连，甚至导致整场比赛都"泡汤"。

从人生的成长来看，早期的成功和失败都是极有价值的。成功固然是建立起自信的基石，但没有经历过失败的人是不可能建立自信和自强的牢固基础的。一个人在成长过程中连续获得成功，到达顶峰状态，突然经历重大失败，其后果往往是致命的。沈岳当时只是一个十几岁的毛头孩子，却已经通过参与竞技运动悟出了这个人生的大道理，我真是无限感慨！

此后多年，每每看到有些人因为经受不了一时的失败而万念俱灰，无法面对现实，并由此而做出不可挽回（或饶恕）的错误决定时，我想如果这些人曾经参与过体育竞赛，或许就会有更大的心理承受力了。

越来越多的研究和实践表明，青少年参与体育活动特别是竞技运动，对他们的健康成长有多种益处。在当今这个日益变化和多元化的社会里，竞技体育活动对青少年的健康成长几乎是不可或缺的。美国宾夕法尼亚大学的非营利性团体“真正的体育”（True Sport）提出竞技体育活动对青少年健康成长的促进作用可以用英语中的五个首字母为“c”的单词来表达，它们是：能力（competence）、自信（confidence）、关系（connection）、品格（character）和感悟（consciousness）。

当代的竞技运动比赛越来越激烈，运动能力的提高必须经过相当长时间的系统训练和比赛才能达到。体操这个项目更是如此。沈岳从五岁开始参加比较系统的体操训练，刚开始时每周数小时，几年之后逐渐增加到每周十多个小时，最后达到每周20多个小时。这是一个长期的系统训练。因为时辛职业的关系，沈岳有机会也有身体条件从小就获得系统体操训练的机会，也由此获得了强壮体魄和坚强的心理素质，这是可以终身受用的。

运动员要参加各种比赛才能提高自己的技能和素质，因此自信是每一个运动员必备的心理条件。大家参加比赛都想夺冠，但是第一名只有一个，因此只有充满自信才能有勇气去比赛、去夺冠。这种自信不只是表现在某一场比赛中，更要体现在每天、每时每刻的训练中。长期的训练和比赛中培养出来的意志力和顽强的拼搏精神，是非常扎实的，也是不会轻易被困难和挑战所压倒的。

当今的竞技运动项目许多是需要一个团队来完成的。虽然体操和有些项目是个人和团体兼有的比赛类型，但是随着体育技能的不断提高，所有运动员必须和他们的教练员密切配合，才能不断提高自己的技能和素质。每一个运动员必须和团队保持融合的关系，才能获得集体的胜利。同时，任何竞技运动比赛都是在一定的环境里进行的，运动员必须对他们所处的比赛环境以及对手有所了解。

体育运动能够培育运动员的品格和素质。在许多比赛里，运动员的技能实际上相差不大，体育竞技主要是运动员的情绪、意志和综合素质的对抗。优秀的运动员必须有坚持不懈的品格和互帮互助的团队精神，还要富有极大的正能量和积极向上的心态以及遵守准则的自我约束行为，同时保持谦虚的态度和善于向对手学习的开放心态。具有优秀品格的运动员，在他们退役之后，往往能够保持一种健康的生活状态。

体育竞赛一般是在大庭广众之下进行的，成功和失败都是经过放大的，因此每个运动员都要提高自己的心理素质，来面对各种类型的“失败”与“成功”。如果你能够在数百上千人面前，排除场地上的各种干扰，竭尽全力地展现自己经过成千上万个小时的艰苦训练之后所掌握的技术，能够做到胜不骄，败不馁，在受伤之后积极治疗重返赛场，这种经历和感悟就是人生漫长道路上最宝贵的精神财富。

体育训练和比赛也会显露出每一个运动员的长处和弱点，从而让他们可以修正自己的认知和行为，扬长避短，正确对待成功和失败。这种感悟在一场意料之外的失败中会表现得淋漓尽致，并使运动员刻骨铭心地得到在其他生活经历中很难得到的体会。有了这些感悟，当这类失败真正发生在运动员的生活中时，他们就好像已经打过了预防针，不会轻易地被失败的“病毒”所击倒。

通过十几年的系统体操训练和赛场上数百次的竞赛经历，沈岳在他的人生真正启程之前，已经获得了许多人一生都没有机会获得的人生启迪。

2 学校教育不仅为分数

人类正在被各种各样的战争所困扰，爱的甘露却正在不断地滋润人类……这一道理并不难理解。爱是降生到这个世界上的每个儿童的天赋。如果儿童爱的潜能得到发挥，人类的成果就会无可估量。

——[意]玛利亚·蒙台梭利

让世界变得更美好

“让我们迎接挑战，让这个世界变得更美好，更快乐！”

啊，一切终于结束了。我们在牛顿北高中的学生经历到此为止了。我相信我们在高中四年里学到了很多东西。但严肃地说，我们确实学到了许多学科专业知识。不管是数学课程里的三角学，还是历史课程里的“冷战期”、法语课程里的动词变化、职业技术课程里的汽车机械知识，或者是人体生理学课程，高中学习所涵盖的课程的广度和深度都是惊人的。

毫无疑问，我们同学中有不少人是才华横溢的。

然而，我们也希望把所学到的一些深层价值观融入生活。例如，尊重所有的人，热爱学习和知识，追求卓越和成功，培养良好的品德。这些品德应该主导我们今后的生活。这些比大学入学考试成绩（SAT）和高中课程成绩的平均分数（GPA）更为重要。这些原则将会使我们在迷茫和动荡的生活中保持自己坚定的立场。

借用前总统布什在参加其母校毕业典礼演讲时所说的一句话：对那些获得全A好成绩的同学，我要说，你们做得真棒！对那些考试成绩只得了C的同学，我要说，你们也可能成为美国总统。（听众大笑）

我看到了我们前面的伟大事业。我们克服了许多障碍和挑战才走到今天。

毫无疑问，如果没有我们的家庭、我们的朋友，以及牛顿北高中那些才华出众的教师的帮助，我们是不可能取得今天的这些成绩的。是你们教育了我们，鼓励了我们，安慰了我们，引导了我们，激励了我们。正因如此，我们对你们充满了感激之情。

特蕾莎修女曾经说过：让任何与你见过面的人在离开你的时候变得更

好更高兴……在这个世界上，如果能帮助一个急需救援的人使其获得如此之多的快乐，为什么还要在仇恨上浪费我们的感情呢？

在电影《指环王3：国王归来》里，埃尔隆德对刚铎国的王位继承人阿拉贡说："这就是你面临的考验。你在荒野的战争中艰难跋涉过的每一条路都引导你走上了这一条路……你要成为你出生之日就注定要成为的那个人。"

2004届的同学们，这就是我们的考验！我们每一个人生来就被赋予了让这个世界变得更美好、更快乐的力量。我们是否能在体验成功和快乐生活的同时也帮助其他人获得同样的成功和快乐呢？

我相信这是可能的。

在座的家长们，为你们的孩子骄傲吧！没有你们的牺牲，我们不可能取得这样的成就。不管我们有没有对你们说过，我想在这里再说一遍：你们的恩惠我们永远无法偿还。

祝贺2004届所有的同学们！牛顿北高中的老虎们（牛顿北高中的吉祥物是老虎），让我们上路去逮住这些目标吧！（学生鼓掌和欢呼）

以上是沈岳作为高中毕业典礼演讲人的发言内容。

在美国许多社区，特别是在一些小城镇和乡村地区，高中的毕业典礼是当地最热烈也是最引人瞩目的社区公共庆祝仪式。当地政府领导人和社区名流都会出席这个隆重的仪式。而这个仪式上最闪耀的明星，就是毕业典礼的学生发言代表。学生代表的个人照片和演讲稿都会在学校和当地的媒体上刊登出来。因为每个学校只能选出一个学生代表，所以选择过程一般有严格的规定，主要是根据学生的学科成绩来确定。有时学校最顶尖学生之间的平均成绩差异非常小，还会因为分数的计算而出现一些争议。也有些学生想方设法地从选课中寻找机会，提高自己的学科平均分数，以便获得毕业典礼学生发言代表的资格。

在牛顿市这样的高质量社区，学校和家长相对比较注重学生的全面发展，所以多年前早已停止以学生的平均分数来确定毕业典礼的学生代表。取而代之的是，让每个高中毕业班学生自己撰写一份毕业典礼的演讲稿，并在班里提前进行演讲，学生自己决定是否提交演讲稿参加校级评比。之后，校长邀请学校有关人员组成评比小组，通过无记名的方式从所有参选的稿件中选出三人，最后由校长决定一个候选人。

演讲稿初步完成之后，沈岳告诉我们他想参加校级评选。一天晚饭之后，他提出让我和时辛做听众，要在客厅里做一次毕业典礼的“演讲”。听完沈岳的“演讲”，我深受感动，最使我感到震撼的是这段话：“……在这个世界上，如果能帮助一个急需救援的人使其获得如此之多的快乐，为什么还要在仇恨上浪费我们的感情呢？”毕竟当时美国政府正在阿富汗和伊拉克同时进行着极有争议的两场“反恐战争”，作为一个高中毕业生在毕业典礼上发出如此的“反战”言论，似乎有点儿“天真”和“幼稚”，但却真正体现出了牛顿北高中的校训——学习维护人类精神（Learning sustains the human spirit）的真实内涵。

或许就是这样一种“返璞归真”的人文理念，使得沈岳的稿件被选中，他因而得以荣幸地当选整个年级近 500 名毕业生中唯一的高中毕业典礼演讲人。这是沈岳第二次被选中作为毕业典礼的发言人。七年前，沈岳就是小学毕业班的代表。

小贴士

背景信息：牛顿北高中简介

高中在美国中小学教育中占有特殊的地位，也是最有美国社会地方文化特色的教育机构。

牛顿北高中是一所规模较大的公立中学，创建于 1859 年，至今已有 150 多年的历史。牛顿北高中的管理是根据学生年级（9 ～ 12 年级）建立分校系统，每个分校都由一个分校校长（housemaster）主管。分校管理从学生 9 年级开始一直持续到高中毕业，所以分校管理人员对每个学生非常熟悉。

牛顿北高中在麻州一直享有相当高的知名度。除了高素质的教师队伍之外，这所学校的一个巨大优势是学生的整体素质。学生家庭族裔多元化。20世纪50年代后期大量犹太中产家庭离开人口拥挤的波士顿城区，开始向环境优雅、学区质量较高的郊区城镇移居，牛顿市成为首选城镇之一。在20世纪70年代，牛顿市犹太人的比例最高达到了45%左右。近20多年来，不少亚裔家庭被牛顿市高质量的公立教育所吸引，纷纷选择在此安家落户。我们的许多华裔朋友家庭也是如此。近几年来，牛顿市公立学校学生的种族背景分布情况基本上是白人学生占66%，亚裔学生占14%左右，非裔与南美裔学生占14%左右，其他多元族裔混合的学生占6%左右。在牛顿市的白人中，大约有一半是犹太裔。犹太人的节日也是牛顿市公立学校的例行放假日。

牛顿北高中有一份学生自己出版的月刊报纸，创刊于1922年，发行量在2000份左右。多次在麻州和全国的学生报纸评比中得到好评。它报道学校内外的有关新闻和活动，并对有关学生利益的事件发表社论，同时还有艺术和体育方面的报道。沈岳在高中期间因为突出的体操比赛成绩多次被报道和专访。同时，北高中还有一个学生有线电视台，会对社区、学校和学生的有关活动进行报道。

牛顿北高中的学校气氛一直是比较和谐的。除了学习环境优越之外，体育和文艺活动一直很丰富多彩。牛顿北高中的田径项目在麻州高中校际比赛中一直名列前茅。一般而言，麻州许多学校因为经费有限，逐渐砍掉了一些相对冷门的体育项目，男子体操就名列其中。但是牛顿北高中这么多年一直设法保持了男子体操队，也使沈岳能够在高中四年成为母校的体操队成员，得到服务学校、为校争光的机会。但是当年沈岳在其他高中就读的队友，就没有这份“福气”。牛顿北高中还有80多个各式各样的学生俱乐部。一般而言，只要有几个学生感兴趣，并且找到了一位教师做顾问，这个学生俱乐部就可以开张。亚裔俱乐部就是其中一个比较活跃，颇有影响的学生团体。这个俱乐部每年都会举办一场服装秀演出，展示亚洲多元的民族服装、舞蹈表演和功夫艺术活动，整个活动有声有色。沈岳高中四年里，每年都受邀参加这些服装秀的表演。尽管体操训练非常紧张，但他总是兴趣盎然地设法抽出时间参加排练演出。

牛顿北高中的学生剧团也历史悠久，每年都有相当正规的戏剧演出。演出大多数的剧本是百老汇的经典剧作，学生和老师从头到尾都要投入相当大的人力和物力，学生也要筹集到一定的捐款来资助这些演出。当学生策划剧本时，每次都有近百名参与舞台上下的各种活动。剧目上演时，学生的兄弟姐妹、父母亲、爷爷奶奶，还有同学好友皆来捧场。每个剧本可以上演数次，几乎每次都是满座，现场气氛令人感动。

牛顿北高中还有科学、数学、演讲和辩论等各种类型的俱乐部，大多由学生家长担任顾问。这些俱乐部的活动经常在学生家里进行。担任顾问的学生家长，往往是这方面的专家好手，有的就是本地高校的教授或有关行业的专家。对这些家长来说，参与孩子的学校俱乐部活动，既可以与孩子有更多的交流机会，同时也发挥了自己的专长，给学校和社区做出了贡献。

个性化的学习

我对沈岳高中时期的学习，特别是包括英语、历史在内的人文学科方面的学习，基本上强调的是保持兴趣，鼓励个性，以己为主，力争上游。牛顿北高中也提供了这样一个使沈岳能够全面发展的优良教育环境。牛顿北高中的课程从 10 年级开始（等同于中国高中的一年级），基本上实行以学生为主的选修课制度。英语、数学、科学以及历史等主要课程有一般课程和荣誉课程供学生选择。到了 11 年级，还有大学先修课（advanced placement）可以选择。这样的选修课制度，保证了所有同学都有机会选择适合他们自己学业能力的课程。同时，学校还开设了各种类型的选修课，如摄影课、烹调课、瑜伽课、绘画课、舞蹈课、汽车维修课等。这些选修课的上课时间，一般只有主课的半数，但往往很受学生的欢迎。有些特别受学生欢迎的课程因为名额有限，只能根据抽签来决定谁能上课。

但是沈岳对高中的选课有自己的主见，一个明显的例子是他在 10 年级的时候选修了舞蹈课。这门课刚开始时还有几个男生，最后只剩下沈岳一个男生。沈岳对这门看似“无关紧要”的选修课非常投入。这门课的最后作业要求每个学生自选音乐，并根据音乐和自己的体会自编自导一段舞蹈。沈岳挑选了他很喜欢的流行音乐，并在时辛的帮助下设计编导了一个舞蹈节目。我和时辛去看了这个班的公开汇报演出课，当看到沈岳作为唯一的男生在课堂中与其他女生一起尽情地跳舞表演时我们很激动，甚至有点儿飘飘然地想：如果对学校的所有课程学生在上课时都能如此欢快和投入，这大概就是孔子所提倡的“知之者不如好之者，好之者不如乐之者”的美好的学习状态了。

高中9年级下学期时，我们接到了学校有关10年级课程分班问题的通知。我们就和沈岳的英语老师联系并约定了面谈时间。英语老师蒙塔古先生是一位60岁左右的资深白人教师，在北高中已经有20多年的教学经验。走进他的英语教室，我们似乎走进了某位老学者的书房，教室的四周都是书架，书架上是他多年收集、学生使用过或其个人及出版商的赠书。蒙塔古先生耐心地听我们介绍了沈岳的个性背景和成长情况，他看起来完全理解我们的心态，对我们的叙述（多少带有一点急迫的情绪）也是心领神会。他告诉我们沈岳非常喜欢读书，有时会同时阅读几本书籍，书桌里总是堆满各种书籍。他说很高兴自己多年收藏的书籍被沈岳这样的同学充分地利用了。他提到了沈岳有时上课不能集中注意力，容易被周边一些小小的情况所干扰。他也提到沈岳读书的速度极快，但是对内容细节不是太注意，课堂作业的质量因此受到了影响。“我很喜欢沈岳，他上课的大部分时间非常投入，喜欢回答问题，并且非常愿意与其他同学交流想法。他从不在乎是否说错了什么，他的学习能力很强，潜力也是很大的……”

我们一看时机到了，就小心翼翼地提到下学期沈岳是否能够进入荣誉英语班，蒙塔古先生以温和的语气缓缓地问我们：“如果我不建议沈岳进入英语荣誉班，你们会有什么想法呢？”这是一种温和儒雅的否定式的回答。“但是，你刚才不是说沈岳很喜欢读书，你很喜欢他，他很有潜力吗？”我忍不住还是做了一点最后的挣扎，尽管我知道塔古先生的主意早已拿定。

我们回家后认真征求了沈岳的意见，沈岳认为高中10年级上什么班是根据大家的英语能力来决定的。对他来说，这种分班很正常，每一个学生都要根据自己的能力来学习。沈岳告诉我们他很喜欢蒙塔古先生，尤其喜欢蒙塔古先生耐心和蔼的教学风格。“他从没大声说过话，我还是第一次遇见这样温和的老师。”沈岳如此评价不是没有道理的。作为一个好动调皮的学生，他在班级里经常是受到老师“特别关注”的“出头鸟”。我们商量之后决定充分尊重蒙塔古先生的决定。

多年之后，我们才意识到蒙塔古先生帮我们给沈岳的高中英语学习做出了一个很好的决定。许多父母对孩子的个性比较了解，但是对孩子在校学习的评价是有局限性的。很多时候，我们是以他们的考试成绩来做出判断的。在孩子年龄还小的时候，他们的自我意识比较弱，我们或许还可以做出一些对他们的学习过程有所帮助的决定。但是到了高中阶段，家长就应该信任孩子，让他们与任课教师一起对自己的学习过程做出判断。

找到自己的声音

牛顿北高中的英语课有一个惯例，那就是要求学生把自己每学期的一些主要写作练习和考试作文保存在一个文件夹里，到高中12年级下学期时再来回顾、总结和自我评估。下面我们就来看一看沈岳是如何讲述他高中英语写作能力发展和提高的过程的。

“你现在能够听到我的声音吗？”

现在重读我高中四年英语写作文件夹里的文章，就像在回顾我的高中经历。可以看到我那不知所措的9年级，莽莽撞撞的10年级，发展中的11年级，建立自信的12年级。我这四年的英语学习成绩进步不小，为我今后继续发展和提高英语写作能力打下了基础。从一年级到现在，我的作品分析、个人抒情和文学创作方面的基本技能真正得到了提高。但是最重要的是，我学到了在写作中找到自己的声音。

9年级的英语学习，重心主要放在语言基本功上。这些课程为我以后四年的英语学习打下了基础。蒙塔古先生是我的英语老师。他有多年的教学经验，同时又是一个很有耐心的老师。在这一年，我们读了好几部经典文学作品，同是也读了大量的短篇小说。每次上课前，我们都有自由写作的时间，家庭作业就是根据几个开头词语畅所欲言地写一个小时的作文。我承认刚开始时我并不喜欢这样的作业，因为觉得太费时。后来我意识到，这些自由写作对启发写作思路进而下笔行文是有帮助的。头脑里即使有了思路，但是要通过文字表达出来，两者之间的差异还是很大的。现在再读当时这些自由写作的文字，就好像在听一个年轻的我自言自语。

10年级时，在读了《芒果街上的小屋》这本小说之后，我们很快开始了个人写作。我们必须练习写一些关于自己的小故事，然后把它们串连起来。那时，我觉得自己写得很棒，而且得到了A⁺。但是当我现在再读这些故事时，我发现当时的写作与我想象中的好文章差太多了。我当时的一些比喻和语言描述读起来很拗口。譬如，我在用“中国”进行短文习作时写道：我听到了外面的声音，我知道那是外面街道上许多小商贩在尖声叫卖他们的蔬菜的新鲜性。我当时觉得这是一个好句子，但是现在看起来有些词汇的选择并不是很好。“外面”这个词使用了两次。我现在会把“尖叫”这个词换成一个不太刺耳的词，譬如“叫卖”或“吆喝”……现在我觉得这样的句子令人难为情，过去得到了A⁺，我就以为自己的作文棒极了。现在看来，分数并没有代表我的全部能力（老师在此批注：但是你也要看到你学习的发展过程）。

……

蒂尔乌什夫人是我11年级的英语教师，我真的很喜欢她。她非常风趣，而且有一套方法来提高我们的写作能力。在她的班级里，我读了很多书：《红字》《哈克贝利·费恩历险记》《他们的眼睛望着上帝》《推销员之死》。在蒂尔乌什夫人那里，我学到了如何正确地援引他人的语言来支持自己的论点：她介绍不同形式的援引方式，解释这些援引所表达的意思，以及与主题的关联性。这个能力对我有极大的帮助，让我后来能够写出一些很不错的文章。

……

我12年级的教师是欧蒂缇尔夫人。我很感激她对我大学入学论文写作的帮助。她数次阅读我的草稿，并就如何紧扣论文主题提出了很好的修改意见（我的文章主题是如何面对体操训练中学习高难动作的危险性）。写作大学入学论文是一个有趣的过程，虽然你是在写一篇命题作文，但写作目的是告诉大学招生办你是一个怎样的人。写作时，你需要表达出自己内心强烈的声音。欧蒂缇尔夫人尽力地使我的声音在论文中得以彰显。我想我也做到了这一点，因为我被心仪的斯坦福大学录取了。

我们在这一年里主要研学《哈姆雷特》，要写一篇在课堂内完成的论文。当在课堂上拿到文章题目时，我很有把握，充满信心。当然，由于时间的限制，我的分析深度还要继续提高。

……

在斯坦福大学，所有学生必须选修一定数量的人文课程，这也可以帮助我进一步提高自己的写作能力。除了阅读和听力理解之外，写作是一个受过教育的人的最重要的技能。有效的写作能力包括提供信息的写作、说服他人的写作、个人反思的写作，对任何职业来说都是至关重要的。我希望自己能够继续提升我的写作能力，永远不会忘记在北高中学到的东西。我将带着这些语言技能度过自己的人生。

这是沈岳对高中英语写作技能进步的自我评判，多年之后读起来仍然使我感到一种“文如其人”的风格。

当然，对任何一种能力的评价，都有许多未知和不确定因素，而且语言能力的评价比科学知识的评价带有更多的主观因素。作为一个受过语言教学训练的教育工作者，我对英语能力的评价一向更看重语言的运用能力。沈岳的毕业演讲文章从牛顿北高中的毕业演讲论文中脱颖而出，就是因为通过朴实有力的文字传达出发自内心的追求和平、帮助他人的声音。沈岳在牛顿北高中四年英语学习期间没有上过一个学期的荣誉英语课，更没有上过一天的英语写作补习班课程。他能够取得如此值得骄傲的成绩，即使在牛顿北高中这样优质的学校里，也是不多见的。应该说，沈岳的英语能力和综合考试成绩与他善于发出自己的声音，有比较直接的关系。这是一个比较形象化地凸显个性化教与学的双赢过程，也是牛顿北高中优质教学质量的一个具体例证。

沈岳的高中英语学习经历让我这个曾经是英语教师同时又苦恼于写作的教育人受到极大的启发，也成为我家庭教育内容中的又一个经典故事。

“学以致仁”的校训

学校不是企业，教育也不是商品。学校的内在精神即“校魂”，是教育成功的核心和关键。教育首先是人的教育，培养一个整体的人应该将“以人为本”作为教育的宗旨。苏州一所中学的校长曾说过：“一个人的成长，更多的是来自‘精神’的影响；一所学校的成长，同样更多的是取决于‘学校精神’的塑造。”

牛顿北高中的校训是“Learning sustains the human spirit”，按照字面上的翻译即“学习维护人类精神”。如果按照中国传统儒家所提倡的以“仁义”为核心的普世价值观，翻译成“学以致仁”则更为贴切。这样的翻译似乎更符合民国初期学者严复所提出的翻译应该达到的“信、达、雅”的境界。

牛顿北高中多年来一直重视弱势群体学生，如特殊教育学生、家庭贫困学生和英语能力有限学生（主要是移民家庭学生）的教育。学校在全校所有教学和课内外活动中突出体现维护所有人的尊严和平等，倡导责任、诚信和修养，鼓励学生自信自强与个性发展，成为麻州远近闻名的著名高中之一。

沈岳是2000年秋季进入北高中就读九年级的。2001年美国“9·11”事件之后，美国政府以“追缴捉拿”塔利班恐怖分子为由出兵阿富汗。同年11月，牛顿北高中学生会与校方共同联手举办了有关战争与和平的系列讲座。第一位演讲者是居住在牛顿市的波士顿大学荣誉退休教授霍华德·津恩先生。津恩教授的代表作是享誉美国知识界的《美国人民的历史》（*A People's History of the United States*），该书在美国史学界第一次系统地记录了美国社会底层劳动人民和受压迫的各族裔人民所经历的事件，并从这些弱势群体的角度来探讨美国社会与历史的发展。这部当时颇有争议的书籍从20世纪70

年代发行以来经过多次修订和再版，发行量至今已经超过两百万册，成为美国左派知识界和学术界具有不同凡响的经典著作。

在牛顿北高中座无虚席的大礼堂里，津恩教授对北高中的学生发表了演讲，部分内容如下：

……“9·11”恐怖主义者对我们做了一件可怕的事情，我们因此也要对阿富汗人民采取恐怖行动，这是不道德的。这样我们就和恐怖主义者处于同一条道德水准线上……在战争时期，言论自由总是容易受到压抑。不同意战争的人往往被看成是不爱国者，但是在民主的社会里，你必须自己思考来辨明是非，并发出自己的声音……

作为第二次世界大战时的美国空军战机投弹手，津恩教授认为当时美国军方宣传的所谓“聪明炸弹”和“精确轰炸”既不“聪明”，又非“精确”，很可能误击包括平民在内的其他非军事目标。当天听完演讲，沈岳告诉我们，津恩教授演讲时声调不高，语气平和，他发言完毕，所有在座的同学全部自动起立，热烈鼓掌向他表示致意。许多像沈岳这样的高中学生本来对战争的真实含义理解模糊，更有不少孩子在日常的网络和电脑战争游戏中“体会”到了尖端杀伤武器的“魅力”。他们第一次当面聆听如此“离经叛道”的反战言论之后，许多人受到了极大的震撼。从与沈岳的日常交流中，我也感到他对美国的这场“反恐战争”有了更多的关注。

津恩教授的演讲在牛顿社区产生了相当大的影响。有些家长在本地媒体上撰文对这次由牛顿北高中学生团体组织的讲座提出了异议，认为这样的演讲内容对高中生来说是不合时宜的。我觉得不管我们是否同意津恩教授在演讲中提出的观点，但对沈岳这样的高中学生来说，他的观点可以触发他们对社会时政给予更多的关注和思考。我为此给牛顿北高中校长以及牛顿公立学校委员会全体成员（市长是牛顿市公立学校委员会的成员）发了一封电子信件。我在信中说：作为北高中的一名学生家长和社区居民，我认为这样的讲座是很有教育意义的，因此我完全支持学校同意由学生团体自主组织的此类讲座。这些讲座可以帮助学生有机会接触各种不同的观点，提高他们对重大社会问题的思辨能力，这也是牛顿市公立学校优质教育的一个具体表现。真正成功的教育应该促进孩子全方位的素质发展，其中积极思考、自我判断、发出自己的声音，就是一种极其重要的表现。

人是需要一点理想和精神的。爱的精神是超越一切的。沈岳在牛顿北高中能够学习并掌握语言这个工具来表达发自内心的如此崇高普世的仁爱精神，我认为他得到了最好的高中学校教育。

在沈岳高中毕业之后，我怀着十分感激的心情在牛顿市的地方报纸上发表了一篇文章《共同努力培养一个全面发展的孩子》。这篇文章以一个著名的非洲成语“培育一个孩子需要全村的共同努力”（It takes a whole village to raise a child）为基调，讲述了沈岳在牛顿市公立学校和家庭的共同努力下如何成为一个优秀的牛顿北高中的毕业生。我在文章的最后引用了沈岳在高中毕业典礼演讲中引用过的特蕾莎的那句名言：让任何与你见过面的人在离开你的时候变得更好更高兴。

沈岳带着爱的潜能来到了这个世界，他在学校教育过程中享受到了爱的教育。我们坚信他那发自内心的爱的潜能，将会给家庭和社会带来欢乐。

3 大学教育就是为成才吗?

我们无法造就天才，我们只能使每个人充分发挥他的潜力。

——［意］玛利亚·蒙台梭利

“自由之风在吹拂”

1891 年 10 月 1 日，500 多人聚集在美国加利福尼亚州（以下称“加州”）旧金山市西郊的一个乡村农场，一个身材高大魁梧、年近 70 的绅士面对着 500 多人发表演讲。他身后竖立着一个 16 岁男孩的全身塑像，身旁站着他的妻子。这就是利兰德 · 斯坦福先生，他正在斯坦福大学的开学典礼上发表演讲。

斯坦福大学的全名是“小利兰德 · 斯坦福大学”（Leland Stanford Junior University）。这里的“小”表明利兰德 · 斯坦福父子两人同名同姓，因此儿子的名字后冠以“小”（junior）字。学校创办时总共有 400 多名学子。这些学生许多来自加州，但也有不少是来自美国其他地区。有些学生是跟着前来任教的教授一起过来的。当时的加州太平洋沿岸还是美国的新边疆。这些投身斯坦福大学的人和来到西部探险的人一样，希望把自己的人生梦想变成现实。

利兰德 · 斯坦福先生和简 · 斯坦福夫人是这所大学的共同创办人，他们唯一的儿子小利兰德 · 斯坦福在 16 岁生日前的几个星期因为伤寒去世。16 岁这个年龄是当时不少青年学子开始上大学的年龄，因此斯坦福夫妇希望用这所大学永远纪念他们最心爱的孩子。

虽然斯坦福夫妇在事业上获得很大的成功，但他们并非出身富裕家庭，他们的成功主要是通过自身的财富积累。因此，他们希望创办一所大学，帮助学子通过把握生活中的各种现实条件来获得成功。他们特别注重“实用的教育”，培养既有文化知识又有实际本领的公民，希望这样有知识又有实际能力的青年可以从斯坦福大学毕业后自信地走向社会，获得事业上的成功。

从这个意义上说，斯坦福大学的创建是以通识教育（liberal education）为特色的美国高等教育发展进程中的里程碑。下面这段斯坦福先生关于通识教育的论述现在读起来仍然具有现实意义。

我认为广泛的文学教育可以扩展人的思维，并提高人的商业能力。那些只受到技术教育的人并不能在商界获得成功。人们的想象力需要被教育和发展才能取得成功，一个人无法建造出他想象不到的东西。

1893 年斯坦福先生去世，斯坦福夫人成为斯坦福大学董事会的会长和掌舵人。她继承和发展了先夫的理念，并领导斯坦福大学走过了初创时期最艰难的成长过程。斯坦福夫人生前先后捐出她家族中的大部分财产，总数高达 4 千万美元，以 2010 年美元的价值估算就是 10 亿美元，所以称斯坦福大学是创建在斯坦福家族的爱心之上，一点也不为过。这个起源于家族对自己子女爱心的大学却造福了社会。

斯坦福夫人同时也是一位有卓识远见的人。在 1904 年的董事会上，她强调："我们不要在超越旧思想和旧行为方式时感到恐惧，为了将来所要面临的工作我们应敢于创新。"

100 年之后，斯坦福大学校长约翰·汉尼斯在学校的年度报告中写道："学校的勇敢创业精神扎根于我们学校创办人的理念和充满着拓荒精神的西部地区。1904 年，简·斯坦福明确了这个年轻的大学面临的挑战……斯坦福大学以后的每一代学子都牢记着这种精神，从教室到实验室到社会大胆地开拓事业……我们会继续不断创新并投资于未来……斯坦福大学创始者以及初期领导人所崇尚的'敢于创新思维'的拓荒者精神将会继续导引我们前行。"

尽管斯坦福夫妇具有非凡的创业精神，恐怕他们也没有想到这所为了纪念儿子而在美国西部新边疆农场上所创办的学校，百年之后会成为世界高等教育史上令人瞩目的一座丰碑。斯坦福大学从美国西部新边疆农场几百师生的基础上起步，100 年后发展成为世界上最为瞩目的研究型大学之一，并以美国所有大学中最低的新生入学率（2015 年为 5%）毫无争议地成为美国高中毕业生中有才华、爱自由、想开创者的首选大学。

小贴士

斯坦福大学从一开始就与众不同。这所大学从创办起就一反当时男女分校的传统，同时招收男女学生入学。这所学校没有任何的教会背景，而当时大部分的私立大中学校是附属于教会的。斯坦福大学是第一所真正富有美国文化精神并独立于任何宗教机构的男女同校的大学。它的课程也以多样化和实用性为特色，而当时许多东部老牌大学的课程相对比较传统，特别注重传授古典学科和知识。

“智力上生机勃勃的学生”

通过近百年的不懈努力，斯坦福大学把美国社会实用、革新和创造的主流精神与文理结合的学术能力相融合，并提升到了一个令人向往的新高度。斯坦福大学的风格，与美国东部老牌大学的典雅精致有所不同。如果说哈佛和耶鲁等东北部常青藤大学的吸引力在于它厚重的历史、精深的学术和闪光耀眼的招牌，那么斯坦福对青年学子的吸引力则在于它令人心旷神怡的校园、广博实用的学科和开放创新的精神。

在东北部的常青藤大学里，体育精神固然非常重要，但是终究不能堂而皇之地走进高尚的学术殿堂。斯坦福大学特别钟情于那些学术和体育能力都超强的学生，对各类全美体育比赛的冠军和世界级别比赛的参与者，只要他们的学术水平达到了入学门槛，都会张开双臂欢迎。

斯坦福大学的学术和体育通过比较完美的结合达到了一个令人瞩目的高度。在斯坦福大学，运动队的队员是学者和运动员的结合（scholar-athlete）。根据斯坦福大学的官方统计，从 1976 年第 21 届加拿大蒙特利尔奥运会到 2012 年第 30 届英国伦敦奥运会，斯坦福大学的学生运动员一共获得了 141 枚奖牌，其中包括 71 枚金牌。仅在 2012 年的第 30 届伦敦奥运会上，斯坦福大学的学生运动员就获得了 12 枚金牌、银牌和铜牌各 2 枚的成绩。我和时辛正是在参观斯坦福大学的体育博物馆时，才第一次看到了原汁原味的奥运会金牌。

真正使斯坦福大学名扬海内外的当然是它所培养出来的具有聪明才智、远见卓识和开发精神的学生。加州天时地利人和的条件和精神，造就了世界闻名的高科技发展与创新的圣地——硅谷。20 世纪 50 年代初期，加州北部地区的主要产业是葡萄酒的制作，那里到处是一望无际的葡萄种植果园和农场，没有民用高科技企业。虽然这里有很多质量不错的大学，可是学生毕业之后，只能到东部地区去寻找发展和就业的机会。斯坦福大学在弗雷德里克·特曼等教授的鼓动下，在校园里选择了一块很大的空地，并提出各种方案来鼓励学生在当地发展创业投资事业。在特曼教授的指导下，他的两个学生威廉·休利特和戴维·帕克特用区区数百美元建立了后来世界电脑行业的巨头之一惠普公司（Hewlett-Packard，简称 HP）。

此后，第一个位于大学附近的高科技工业园区——斯坦福大学研究园区成立。园区以较低的租金资助新成立的科技公司，同时也使学校那些富有才华的毕业生有了用武之地。后来园区的科技公司越来越多，它们不但应用大学研发的最新科技，同时租用该校的土地，这些地租成为斯坦福大学重要的经济来源，使斯坦福大学愈加兴旺发达。许多创业成功的毕业生不忘回报母校，因此在斯坦福大学的校园里到处可见学生捐款兴建的设施和建筑。

沈岳在高中 12 年级被斯坦福大学录取之后，斯坦福大学的教务长到麻州来招聘学生，按照惯例由本地一个斯坦福大学的校友家庭主持聚会，邀请所有已经收到斯坦福大学录取通知书的家庭来参加。我和妻子也收到了邀请。在那天的聚会上，这位教务长在开场白中非常风趣地说，“我们很清楚你们的孩子可能已经收到了河对岸大学（指波士顿查尔斯河对岸的哈佛大学和麻省理工学院）的邀请，所以学生会有不少很好的选择”。

这位教务长列举了斯坦福大学许多吸引人的地方，特别提到了宜人的校园环境。当时正是早春，美国东北部地区的春寒让人无法尽情享受户外运动，而处于太平洋西海岸温暖气候带的斯坦福大学，已处处充满阳光、绿草和鲜花。在户外还有积雪的时候，观赏斯坦福大学的美丽校园，是一种让人几乎无法抗拒的诱惑。

当然，最让这位教务长津津乐道的还是斯坦福大学文理工各科齐全的专业选择，拥有众多包括诺贝尔奖获得者在内的优秀教职人员，各种门类齐全的科研和创业机会，特别是毕业生离开校园之后令人瞩目的就业前景。在家长提问时间，我还是忍不住问了一个一直徘徊在心头的问题：“斯坦福大学想要招收的学生的最大特色是什么？”“我们斯坦福大学最钟爱的是智力上生机勃勃的学生！”（What we like the most at Stanford are those who are intellectually dynamic!）

如果说许多华裔家长最期望孩子能够考取的是哈佛大学，那么对许多高中的学子来说，他们的理想大学就是斯坦福大学。对沈岳来说，他的人生定位和斯坦福大学的办学理念是非常吻合的。沈岳当时报考斯坦福大学的决定是如此鲜明、果断、毫无悬念，现在回头来看既令人惊讶，也在情理之中。

水到渠成的入学申请

2003年，沈岳在高中11年级时与其他同学一起参加了SAT考试（Scholastic Assessment Test，即美国大学委员会主持的大学入学考试，为美国东西海岸大学所普遍接受的最重要的大学入学考试），取得了阅读800分满分、数学780分接近满分的好成绩。一般而言，高中生SAT考试成绩都得满分的学生并不会自动受到名牌大学的瞩目。SAT阅读和教学双科成绩考满分的高中应届毕业生据说每年都会有一半被常青藤大学拒绝。沈岳每周有20多个小时的体操训练，每年赛季时还要到全国各地参加比赛，有相当多的缺课时间。他也不可能像他的同学那样有额外的时间去参加任何SAT考试补习课程。因此，沈岳准备SAT（准备学校的其他考试也是如此）的时间都是非常紧凑的。他只是在临考试前几周到图书馆借了一本往年SAT的考题汇编，然后抽空做了其中几套考试题。这本复习书里还有100个所谓的比较冷僻的、SAT阅读考试中会涵盖到的词语，沈岳也只是抽空背了其中的一半，因为他对背诵没有太大的兴趣。

在高中11年级的时候，沈岳过五关斩六将，最后有幸成为美国青少年国家体操队成员。从这个意义上来说，沈岳是当时美国青少年体操运动员中的顶级运动员。沈岳高中的成绩平均是A⁻，几门美国大学委员会专科考试（如生物、化学和物理）的成绩也不错。加上美国青少年国家体操队成员这项成绩，沈岳的学校成绩和个人文体特长应该均达到了斯坦福大学对新生专业成绩的要求。

但是和其他的一流大学一样，斯坦福大学对报考新生的写作也给予了极大的关注。主要包括两个内容：一是回答三个问题（每个问题的回答限制在250字）。这三个问题实际上每年都大同小异，基本上涉及三个方面：智力和学术兴趣、人际交流与关系、个人性格和爱好。从广义上来说，这三个方面是美国顶级大学衡量每一个入学新生的重要指标之一。正是这些无法从学习成绩和分数上来衡量的“主观性”指标，有时使得一些高中成绩极其优秀的考生感到非常“烦恼”。

沈岳在第一个问题的回答中谈论了他对爱因斯坦的相对论观点的初步理解和困惑；在第二个问题中讲述了他如何转变对高中某个同学的偏见，最后两人成为好朋友；在第三个问题中，他分享了自己对体操运动的激情。我看了沈岳的回答，内容非常切题，也表现出了他热爱求知、热爱交友、热爱体育的丰富个性。毫无疑问，这应该是斯坦福大学追求的“生机勃勃”的学生。

第二个主要内容是大学入学申请文章（college essay）。这是很多美国高中毕业生需要绞尽脑汁，甚至不惜工本完成的高考入学中最为艰难的任务之一。

下面是斯坦福大学招生办公室官方网站上对入学申请文章的要求：

我们想从你的写作中听到你个人的声音。你写的这篇文章要反映出你是谁，有具体的细节，写作风格要自然。你的写作过程可以尽早开始，可以随时征求父母、老师和朋友提供的建设性的反馈意见。你可以询问他们是否从这篇文章中读到了你的声音。如果那些最接近你的人都不能从你的文章中找出你的本色，那我们也就不能认识到你的特色。当你征求反馈建议时，请不要征聘其他人员来帮助你写这篇文章。

沈岳提交给斯坦福大学的入学申请文章，在我这个曾经是老师的人来看，也是一篇好文章，可以说完全符合斯坦福大学招生办的要求（“我们想从你的写作中听到你个人的声音”，这句话似乎就是为沈岳量身制定的），文章内容也是沈岳最想说的话，完全是真情流露。文章风格也是沈岳最擅长的，开门见山，有话直说。一个生气勃勃的虎崽子，带着不知天高地厚的自信走向高冈，面对群山，大叫一声："我来了！"

那年斯坦福大学确定入学需要提交的论文题目是“你是如何面对生活中的风险的？”对沈岳来说，恐怕没有比这个题目更吸引人的了。下面就是沈岳入学论文的中文翻译。

“沈岳，没问题，上吧。”

各种想法在我的脑中迸发："他说得对，我能够做了……”“你说得容易，我这是在做什么呀……”“伙计，这个动作如果做出来，那就真的把所有人都镇住了……”“沈岳，记住你要做的动作：摆动要强，压杠要有力，团身要紧，然后放开准备落地……准备好啦，那就开始做了！”

在双杠上，手倒立停顿片刻后，我就开始做成套动作。在双肩的有力支撑下，双腿向前抬起并弯曲摆动到双杠下方。我把双腿顺势踢向后上方，同时双手在双杠上使劲，使身体向前并同时抬腿后转（我得感谢牛顿的第三运动定律：作用与反作用定律）。此时我双手脱离双杠，同时抱住双膝，用全力向后翻转。当我在空中翻转差不多两周时，我放开双膝。此时我团紧的身体开始伸展开来，我的双臂向两边伸开准备落在双杠上。这个冲击力会令人很难受，但是我要迫使自己顶住冲击并完成这套动作。这套动作在体操的双杠比赛术语里叫作“morisue”动作。

在体操训练中，每一个运动员总是要学习新的技术动作，以确保自己在比赛时不落到别人的后面。每一个体操比赛动作的分值从“A”（难度最小）到“超级-E”（难度最大）。每过四年，国家体操协会就会重新审查所有的体操动作，然后根据相对难度来重新评定它们各自的分值。其结果是有些动作的分值会提高，但是大部分的分值会降低。一个双周空翻现在已经不能引人注目了，因为有些体操运动员可以做三周空翻了。所有获得奥运会金牌的体操运动员都不能躺在自己的花环中，止步不前。

虽然 morisue 这个动作的分值是 D，但却是体操比赛中最有风险的动作之一。如果我的空翻稍微偏向一边，我左右的腋窝就有可能非常疼痛地砸在一边的双杠上。如果我很疲劳，没有足够的力量来完成这个动作，就可能因为空翻不到位而砸在自己的肩膀上。体操水平比我还要高的运动员告诉我，morisue 这个动作做起来“叫人害怕”。我敢于做这个动作是因为我有信心做好它，这样我就有可能超过我的竞赛对手。

第一次做 morisue 对我来说是有风险的，但这是可以预计的风险。在训练场里所有的垫子上都有这样一段警告语：“警告：任何含有翻转高度的动作都会产生包括瘫痪和死亡等的灾难性的伤害。这块垫子不能替代合乎规范的动作和正确的技术过程。”你要学会一个动作，就得把动作的技术分解成几个步骤，一遍遍练习每个步骤，最后再综合起来做出一个成套动作，这个过程要花上几个月的时间。我的教练帮我一步步地学会每个动作。为了掌握这些动作，我要知道自己什么时候做错了，以及做错了什么，这样我才能够改正这些错误动作。这个学习过程很不容易，我在其间经受了不少摔打和受伤。但是我没有丧失信心，并最终学会了这套动作。

为了学会 morisue，我必须要有自信：对教练的信任，对什么时候可以用上这个动作的时机的判断能力，对体操器材的信任，还有保护自己身体不轻易受伤的能力。最重要的是，我要相信我的身体能具备完成这套动作的素质。自信是完成任何具有风险事项的必备前提，在学习体操高难项目的过程中尤为重要。

对我而言，学会并在比赛中运用 morisue 是有风险的，但也是值得的。我在州际、美东地区以及全国各个级别的比赛中都成功地做出了这个动作。最大的收获是，我在 2003 年全国青少年体操比赛上获得了双杠第二名。但是我不能就此高枕无忧，我已经开始学习 piked morisue。这个动作需要我在空中翻转时保持腿部挺直，这样这个动作的分值才会是“E”。我得再一次谨慎地一步一步掌握分解动作。当然在这个过程中，也会有可能因为某个动作没做好而导致成套动作失败。我几周前就做砸了一次，我手臂上的表皮被翻卷起来，就好像上面被涂过了奶酪。但是我仍然没有放弃，因为正是有了风险，我的努力才有可能得到奖赏。

我对生活也持有同样的观念，在每一个风险后都有机遇。为了找到这些机遇，就一定先要面对这些风险。我必须继续夯实基础，提升技能。有了技能，我就会自信自强，把风险变成机遇，把机遇转变为成功。

沈岳，加油，你再来一次！

沈岳的这篇入学文章，至今读起来仍让人感到震撼！

2003 年沈岳进入高中 12 年级，10 月初他的所有报考材料全部准备就绪。从整体上看，我认为沈岳应该是斯坦福大学最感兴趣的典型学生：学校文理科成绩全面扎实，学习兴趣浓厚，写作能力较强并富有个性，SAT 考试分数过硬，体操竞技能力和成绩全国名列前茅。根据斯坦福大学对有特殊体育才华的学生实行的“超级提前申请”（Super Early Admission）的规定，沈岳在 10 月就可以把他的全部申请报名材料寄给斯坦福大学招生办公室。

沈岳斯坦福大学的入学申请材料寄出后，我就有点儿按捺不住了。寄出材料后第三个星期的周五下午，我从办公室回到家之后，利用加州和波士顿三个小时的时间差，考虑到那时招生办公室大概不会太忙碌了，就直接打电话给斯坦福大学的招生办。接电话的正好是招生办的副主任凯西女士。我告知她我的身份和沈岳的有关情况，并说很想从斯坦福大学的招生办公室直接知道他们对沈岳的印象。凯西知道了我打电话的原因后，立即询问她的同事，得到的回答是：“沈岳的材料已经齐全了。”凯西女士爽快地告诉我她会亲自审阅这些材料。我也愉快地说，下周这个时间我一定会再打电话给她。

到了下周，我如期给斯坦福大学招生办打电话，果然凯西女士已经在等我的电话了。我按捺不住自己的期望问她对沈岳的申请材料有何看法。“我在这个办公室已经工作 16 年了，我个人认为沈岳是一个非常非常非常出色的高中生……当然最后的决定以我们办公室书面发出的（这是一句职业性的官话）……”这是她的回答中最令我陶醉的部分。我清晰地记得她在说这三个“非常”时是加重了语气，一字一顿地说出来的。

通识教育的价值

美国综合性大学的本科教育一向以开放、多元和广博的通识教育（liberal education，又称博雅教育）而闻名于世。斯坦福大学以极力提倡这种教育而闻名全美。下面是斯坦福大学的官方网站上对通识教育的定义：

正如所有大学所提倡的那样，斯坦福大学为本科学生提供各种方式来获取通识教育。这种教育可以帮助学生在人文和科学各个主要领域内拓宽知识面，增强感受力，同时也显著地夯实学生在这两个领域内的知识基础。这样的教育可以使学生获得终身学习和运用知识的能力，从而帮助他们取得职业与人生的发展。

斯坦福大学的本科课程具有相当的伸缩性。本科生可以根据个人的特殊兴趣和以往的经验及将来的目标制订具有个性化的学科方案。所有学科的课程都力求通过探索，使学生达到专业所需知识的深度和广度之间的平衡。斯坦福大学的课程教育总纲和具体专业领域的规定，对如何达到两者之间的平衡提出了具体的建议。

斯坦福大学的课程中有比较系统的写作要求，其目的是保证每一个本科生都能够具有清晰和有效的英语写作能力，以提高他们的交流技能。文字是思想的工具，而清晰的思维需要书面和口头的表达能力来展现。

就让沈岳直接来叙述他在斯坦福大学四年通识教育的经历吧！下面的文字内容转自沈岳的硕士研究生专业入学申请论文。

我在斯坦福大学的经历主要有三个不同的方面，我的学术经历远远超过了成绩单上的课程。我通过专业课程和实验室的经历学习生物，通过荣誉论文的写作获得伦理学的知识，通过泛读和课外活动来掌握商业技能。

来斯坦福大学的时候，我对科学和改变社会的力量很崇拜，很想进一步掌握更多的相关知识。我选择了范围广泛的生物科学，这样就可以有机会学习细胞生物、人类行为、气候变化以及天文学、光学、热学和物理科学。通过生物科学的学习，我认识到生物从显微环境到天体环境的各个阶段影响着我们的生活。

研究是科学的核心。我参与了实验课程中的生物研究，学习了实验技术，也做了人体生物实验。我还在神经手术实验室做过研究助手，参与了老鼠在经历了脑梗阻之后被注射一种血蛋白，看其是否能够恢复功能的实验。虽然这些实验对我来说很有价值，但也让我知道生物科学研究将不会是我今后追求的职业方向。

我通过人文和社会科学方面的课程来扩大我的知识范围。我学习到古代希腊神话是如何影响现代西方文化的；通过自己的学习经历，我认识到案例学习（case studies）可以比在人数众多的大课堂里听课更有效；美国五花八门的公民选举是如何影响美国的民主制度的。所有这些课题都非常引人入胜，但使我获得最大求知兴趣的是哲学课程。

当我第一次上伦理哲学课的时候，我发现我在生物课程中所形成的思维受到了很大的挑战。在伦理学上，要想辨析自己的观点是非常困难的，因为任何理论都无法令人信服地论证一个观点是正确的，但是严密的论证可以使我们信服地接受这些论证的逻辑结论，即使这些结论看起来是违背我们的直觉的。

我决定把我在哲学课上所学到的伦理学与个人责任及生物学结合起来。通过大量的阅读、讨论和反复多次的修改，我完成了我的本科毕业荣誉论文。我在这篇论文里主要论证了一个更加公平、有利于肝脏移植患者的方法，即建立一个按不同因素确立权重系数方法的抽签制度，以取代目前单纯的排队等待制度。论文的研究和写作过程，教会了我如何做到行文清晰，论证严谨，同时我也学会了如何管理整个写作过程。

……

三年级的时候，我对商业学科产生了兴趣，尤其是对创办企业、市场销售等方面的兴趣愈加浓厚。我读了不少这方面的书籍，其中特别喜爱的有《创业的艺术》(*The Art of the Start*)、《商海求生》(*Made to Stick*)、《行善之道》(*Forces of Good*) 等经典商业书籍。我还读了不少商业杂志，如《商业周刊》(*Business Week*)、《新兴公司》(*Fast Company*)、《哈佛商业评论》(*Harvard Business Review*) 等，我还注意那些有影响的商业博客网站，以及许多有关商业题材的视频讲座。

通过对商业类知识的学习，以及创办学生非营利性公司的经历，我了解了创办一个新的商业机构所必需的速度、重点以及创办企业的目的、商业产品和服务的价值、它们所体现的意义以及这些产品和服务在社会变革中所起的作用。

三年级时，我因体操比赛发生事故，膝盖严重受伤，处于恢复期，于是我在斯坦福大学发起并建立了非营利性学生组织“波尔刚基金会”(Gumball Captial)。波尔刚基金会的主要宗旨是发动具有创业精神的学生通过筹款和微型贷款来改变社会。为推动这一个宗旨，我们发起了波尔刚筹款挑战——这是一个创业性的竞赛，要求每个参赛的学生每周提供 27 美元的贷款作为捐助的基金，并通过微型贷款的形式来帮助那些急需资助的社会底层的艰难创业人士。

……

由于在这些活动中的突出表现，我被大家推选为基金会的总裁。并有机会在一个微型贷款论坛上交流经验，同时也招聘了新的成员，并负责管理基金会 6 个小组的负责人。从这些活动中，我获得的最大体会是：我对通过企业活动来改变社会充满了兴趣和激情。

刚进入大学时，和许多新生一样，沈岳并不非常确切地知道自己要学什么专业。因此在第一和第二学年，他广泛地选修各类课程，其中包括人文学科课程和一年的写作课程。二年级暑期返家，沈岳骄傲地对全家人说，如果我们去参观波士顿的著名艺术博物馆，他可以告诉我们那些古希腊塑像的名字及他们的故事。后来我们全家特意安排时间去参观了享有盛誉的波士顿美术博物馆，沈岳在馆内陈列的古希腊雕塑前侃侃而谈，我们全家都颇有收获。沈岳在二年级的古希腊神话历史课上还专门写了一个描述古希腊英雄伊阿宋（Jason，也就是沈岳的英文名字）如何召集各路英雄去夺取金羊毛的壮举的电影剧本，作为那门课程的学年论文作业。我得知后兴奋地要他把这部"电影剧本"送来让我仔细"拜读"。虽然我对古希腊神话英雄故事所知肤浅，但还是被"电影剧本"中各路古希腊英雄（又称"阿尔戈斯船的英雄"）到了伊阿宋准备的大船上互不相让，大摆自己英雄谱的精彩对话所吸引，我甚至想象如果拍成电影将会是一个怎样的场景。

《斯坦福大学精神》

大学二年级结束时，沈岳回家过暑假。有一天，我们收到了邮寄来的一个大硬板箱。打开一看，竟是几十本书！封面上赫然印着《斯坦福大学精神》(*Stanford Spirit*)一行字，副标题是：回顾、分享、激励（*reflect, share, inspire*），作者是沈岳！"沈岳出书了，沈岳出书了！"我禁不住大叫起来。沈岳走过来笑着对我说："爸爸，这是我给你的一个惊喜！"我告诉他："爸爸的梦想之一就是哪天可以自己写一本书，但是你已经做到了。"

沈岳告诉我，他一直想要自己真正做一个项目，所以从头到尾一点儿也没有对我们吐露任何风声。他颇为得意地说："看来我还是能够做到的。"他还告诉我，他在斯坦福大学的书店里打过工，认识该书店的经理，经理已经和他说好让书店购买 50 本书。酷爱书籍的我当机立断，立刻付款购买了 20 本书。两年之后我到斯坦福大学参加沈岳的毕业典礼，在斯坦福书店浏览时，突然看见沈岳的这本书与学校其他教授的书籍并排放在专门陈列斯坦福大学作者的书架上，兴奋得差点惊叫起来。我当场手持这本书拍照留念，这也是我在斯坦福大学校园里经历过的一个非常难忘的时刻。

沈岳的这本"小书"只有近百页，从编排到内容都没有什么吸引人的地方，与斯坦福大学教授的那些大部头书籍相比显得格外"寒酸"。但让我觉得最有价值的是，这本书从策划到编写，从定稿到出版，完全是沈岳一个人一包到底！这种自己动手做项目的经历，对一个人的历练远远超过我们过去那种"上课记笔记，考前背笔记，考后全忘记"的学习模式。这种以广博优质的学习环境来自然培育学生学习兴趣的教育风格，应该是斯坦福大学和美国许多一流大学的一个共同特点。

沈岳在前言中提到了这本书的“诞生”故事：

出版这本书的想法，是在第一学年结束后的暑假产生的。我当时在读一本经济学方面的书，这本书谈到了如何发挥一个人的“相对的优势”（comparative advantage）。我想我的优势就是平时喜欢寻找各种新点子。我可不可以从一个在校生的视角写一本关于斯坦福大学的书呢？但是暑假开学后，我就把这个想法给忘了。第二学年开始后，平时结交新朋友的机会减少了，这时我又想起了我的出书计划。如果我编一本由斯坦福大学的学生自己写的有关斯坦福大学的书，那就可以遇到新朋友了……

我决定让同学们写几段有关自己的话。我给了他们几个句式，让他们叙述自己的过去、现在和将来。经过一段时间的反复思考，我决定采用“我记得……”“我为……生活”以及“我想要……”三个句式开头，分享他们各自的故事、激情和梦想。

同学们描述的梦想让我万分激动。许多人谈到了如何贡献，如何让这个世界变得更加美好，如何度过充实的人生。编辑这本书的过程中，我遇到了不少挑战和烦恼，但也在阅读每个人的故事时受到了激励和鼓舞。我希望你读了这本书之后也有同感。

下面是沈岳在书中回答这三个开头句式的内容摘要：

我是为了与他人分享我的见解而生活。我是为了改变自己而生活，也是为了改善他人而生活。我是为了欢笑而生活（我想我生活中也有哭泣，但这只是极其偶然的，因为我看起来几乎永远是积极向上的）。

我知道人生只有一次，我们一定要过一种完整和充实的生活。我生活就是为了一个更好的明天。

我想要做很多事情。这对我来说是非常自然的。我很想赢得美国大学生体操比赛的冠军，非常渴望那个闪闪发亮的冠军戒指。

我希望成立自己的家庭。我想要生一个孩子，再领养一个孩子。由于我的生物知识丰富，我的孩子会成长得超级出色，并令人刮目相看。

我知道我是一个理想主义者，但我是一个坚定的理想主义者。同时我也是一个明智的理想主义者，一个具有爱心的理想主义者。我还不知道将来的人生道路通往何方，但是我非常希望通过自己的聪明才智、奋斗和热情，为这个星球上的人做出积极的贡献。

我把这本“不登大雅之堂”的小书寄给了斯坦福大学的校长，并收到了他亲笔签名的感谢信。

爱因斯坦有句名言：教育就是你忘记了在学校所学的知识之后所留下的东西。（Education is what remains after one has forgotten what one has learned in school.）我想沈岳可能会忘记许多课堂的教学内容，即使授课教师是那些曾经获得了诺贝尔奖的大师级教授。但是他在斯坦福大学的体操生涯，与同学在社团工作时交流的经历，以及在和这些同学交往过程中所培育的友情是无价的。通过四年的学习，沈岳知道了他以后不会在实验室工作，激发了他通过企业活动来改变社会的激情。他对多年努力之后所获得的成功和失败有了最切身的体会，在斯坦福大学结交了知心的朋友。这些都是他在忘记了大学所有课程之后必定会留下的东西。

沈岳是否在斯坦福大学得到了最适合其身心、智力和技能发展的大学教育呢？在二年级下半学年，沈岳决定选择生物科学作为他的主修专业。这是斯坦福大学学生选修人数最多的一门专业。可以说，他在斯坦福这样的综合性大学所提供的优良环境中遨游，并尽情地吸收各种养料，充实壮大自己。显然，这是许多规模较小或者专业性很强的高等院校所无法提供的学习和成长环境。虽然我们无法通过可控的实验来做任何有意义的比较，并以此确认斯坦福大学是否提供了最适合沈岳成长的大学教育，但是毫无疑问，作为一个有知识、有思想、有头脑、有技能，而且能够在职场上四处出击、屡见成效的斯坦福大学毕业生，沈岳肯定得到了斯坦福大学教育中广博与实用的学识与技能训练的精髓了。

沈岳的大学毕业礼物

2008年，沈岳即将从斯坦福大学本科毕业。从年初开始，我就在琢磨应该送给他一件什么样的有纪念意义的礼物。过去的几年里，基本上逢年过节特别是他的生日时，我们送的都是一些电器或者书籍。我想这次应该送一件真正有意义的礼物。

2003年，沈岳向我推荐了一本由美国前总统克林顿的演讲撰稿人之一刘柏川（Eric Liu）写的自传类书籍《偶然生为亚裔人》（*The Accidental Asian*）。刘柏川在书中有这样一个细节表述，给我留下了难忘的印象。刘柏川的父亲因为多年的糖尿病和健康欠佳，在中年的时候就过世了。父亲的亲朋好友帮助编辑了一本纪念册，其中的文字主要是中文。刘柏川在书中说，他在父亲过世后有时晚上难以入睡，就会起身从书架上取下那本书，尽管他并不认识书中的很多中文字，但是仍会不时满怀思念之情地“翻阅”这本书。我当年正好与刘柏川父亲去世时的年龄相仿。可以想见，我当时读到这段细节时的感慨心境。因此，我决定编一本沈岳可以阅读的书，其中绝大部分的内容是他自己写出来的。

从沈岳幼龄时我就注意保存他的所有文字资料。所以我把沈岳从学前班到大学毕业这段时间内，我们所收集到的文字材料编辑成一本书，同时收录了少数与他有直接关系的英文通信邮件，以及我用英文在本地媒体上发表的与他有关的家教文章，并加入了他从小到大的许多生活照片。我用了两个多月的时间策划和编辑这本书，最后书名定为《一颗激扬的心灵》（*An Inspiring Mind*），这是我第一次做编辑，也算是过了一次“编辑瘾”。

我们一共印制了10本，两本是硬壳精装本，封面是一张沈岳在单杠上做十字支撑的照片。这本书的前言用中英两种文字写成，下面是此书的中文前言。

亲爱的沈岳：

这是一个多么不可思议的人生旅程，我们都长大了！

当我们怀着永远的爱心把你带到这个世界上的时候，除了希望你能成为一个健康、聪明和强壮的男子汉之外，我们并不知道自己应该做些什么。我们根本不知道在这个旅途中会有如此之多的至关重大的责任、令人焦虑的压力以及激动人心的喜悦在等待着我们。

凭着爱心和不断进取的学习精神，我们一起到达了你人生旅途的第一个里程碑。

你现在是一个成年男子了，从身体、智力和精神上来说都是如此。你是斯坦福大学男子体操队的共同队长之一，你是斯坦福大学学生运动员协会的共同主席之一，你是斯坦福大学（学生）波尔刚基金会的总裁，你将要被授予斯坦福大学理学学士学位。

可以说我们共同出色地完成了一项人生道路上最重大的任务：培养了一个有健全躯体和健全头脑的孩子。

你不仅是一个强健的男子汉，还拥有一颗美丽的心灵。

你有一颗仁爱的心灵，有一颗智慧的心灵，有一颗热情的心灵，有一颗有担当的心灵。这是一颗鼓舞人心的心灵！

对我们来说，这是一段非常具有挑战性的旅程，又是一段使人受益的旅程，更是一段富有特权的旅程。这是一段不能被复制的独一无二的旅程。

为了纪念这段给我们带来如此欢乐的旅程，为了庆祝我们生活中这个令人欢欣鼓舞的时刻，我们制作了一本收集了你的文字、照片、绘画、观点等的文稿汇编。

为了保持所有材料的原始面貌，我们尽量不做任何内容上的变动。我们加注的极少量的文字和一些照片也是为了使这些原始材料的背景和内容更富有意义。

你可爱的小妹妹在本书的编辑过程中给予了许多帮助，我们在此表示衷心的感谢。

一颗仁爱之心的起源是一种赐福，

一颗智慧之心的培养是一种鼓舞，

一颗激情之心的扶植是一种欢乐，

一颗领袖之心对所有人都是一种激励。

深爱你并为你而骄傲的爸爸和妈妈

2008 年 5 月

当这本书稿基本编辑完毕时，我突然想起沈岳当年还是初中生时写过的一篇“批判”我强迫他在暑假期间做作业的“檄文”。依稀记得当时我只是看了几行，没有读下去，随后顺手把这篇文章打印出来，最后如何处置却完全没有了印象。但是我觉得这篇文章特别能反映沈岳的个性和性格，一定要收录到这本纪念书籍里。所以下决心一定要把它找出来。我从地下室的每一个杂物箱一步一步地搜索到屋顶阁楼的所有文件纸箱，把所有的纸片都翻遍后，终于找到了那张打印纸。当时我的激动之情无法用言语形容，这是无法复制的、独一无二的“原创作品”！

第三章　成人篇

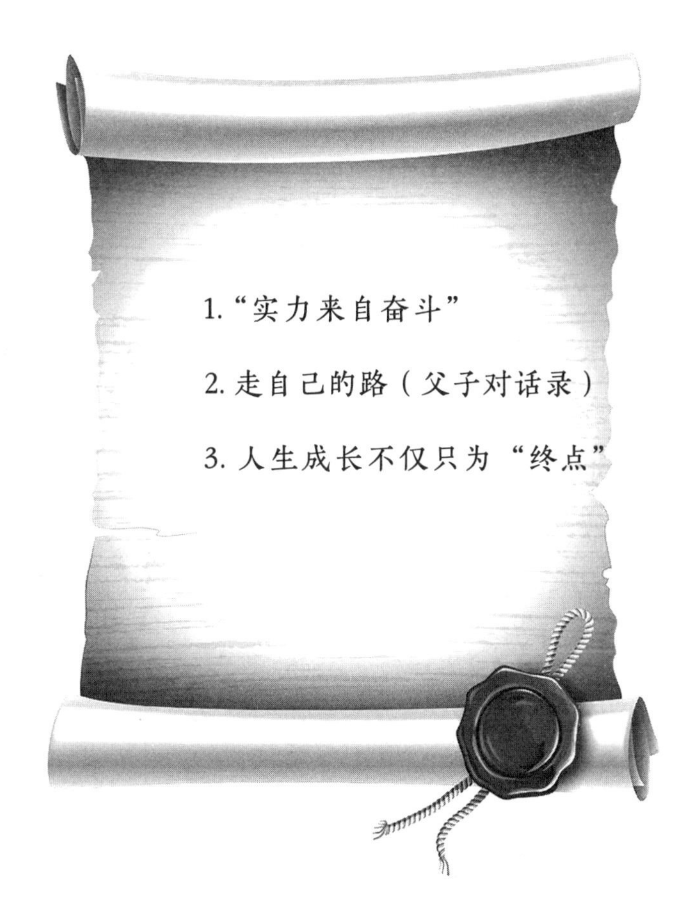

1 “实力来自奋斗”

要准备战斗，不必从诞生那天就开始，但是必须强壮。只有强壮的人才能有所准备，没有哪个英雄在做出英雄业绩之前就是英雄。未来的艰苦生活是不可预见的，无法预料的，没有人能为我们直接做好准备期迎接那些艰难困苦，只有身强力壮、富有朝气的人才能应付一切。

——［意］玛利亚·蒙台梭利

梦想即将成真

对于21岁的沈岳来说，2007年是一个充满期待的年份。当时他是斯坦福大学三年级的学生，并在大二学年结束时确定了自己的专业——生物学。在生物科学领域，斯坦福大学从本科到博士的教学和科研在美国乃至世界上都是独领风骚的。斯坦福大学的生物科学学位，将为沈岳的人生和职业打开一扇前景广阔的大门。

更令我们期盼的是，经过十几年系统的体操训练和比赛，以及过去两年比赛多、强度高的大学体操队训练，沈岳开始向全美顶端的体操高峰发起进攻。掌握这些体操技术，不仅需要极高的身体和心理素质，同时需要个人的勇气以及与教练的配合。经过多年苦练，随着生理和心理的日趋成熟，虎年出生的沈岳此时就要“出山”了。

同样，对于所有中国人来说，2007年也充满了迫切的期待。2008年的世界奥林匹克运动会将在北京开幕，这是亿万中国人期盼了几代的盛典。

2003年，也就是沈岳高中毕业的前一年，经过地方、州直至全美最高水平的各级比赛的层层筛选，沈岳过五关斩六将，最终在全美青少年体操锦标赛中获得男子全能第六名的成绩，并当选为美国青少年男子国家体操队成员。

2004年沈岳高中毕业时，他的朋友送给他一份特殊的礼物——一个座钟。这不是一个普通的座钟，它的唯一功能就是显示2008年8月6日北京奥运会开幕日的倒计时。

2008年，沈岳正好22岁，那是一个男子汉“正当年”的好时光。代表美国体操队参加北京奥运会不仅是沈岳的梦想，也是我们全家人的梦想。

在前两年的大学体操生涯中，沈岳的全能最好成绩曾经达到当时全美男子第 15 名。如果沈岳能够把这个成绩提升到前十名，他的奥林匹克的美梦就有成真的希望了。

2006 年暑假，沈岳开始训练一个新的跳马动作。在过去的几年里，他在跳马项目中一直只能完成直体踺子小翻上马，直体后空翻转体 540 度，又称尤尔琴科 540。经过那个夏天的大量刻苦训练之后，沈岳终于有所突破，他能够再加上半个转体，这样就可以做直体后空翻转体两周，也就是尤尔琴科 720。

对沈岳来说，跳马技术是一个大的突破。沈岳的上肢力量极强，双杠一直是他的强项。但他从来不是一个很有爆发力的运动员，所以跳马是他的弱项。在迎接奥运会的关键时期，能在自己的弱项上学到新动作，对沈岳这个全能运动员来说是一个突破。这意味着 2007 年会是一个好年头。沈岳对于自己能够在这样关键的时刻有所突破，感到无比兴奋。

2007 年 1 月 19 日，是一个沈岳永远不会忘记的日子。斯坦福大学男子体操队 2007 年赛季开始后的第一场校际比赛就在当天举行，比赛的对手是加州大学伯克利分校。加州大学伯克利分校的男子体操队是斯坦福大学男子体操队的老对手，而这两所大学同在加州旧金山市周边地区，也是近邻和朋友。作为“老对手”之间的比赛，同时也是年度体操赛季的第一场比赛，双方学校体操队的所有成员都对这场比赛给予了特别的关注。

大赛前，斯坦福大学体操队按惯例组织了参赛前的热身选拔赛，沈岳成功地在跳马项目上完成了尤尔琴科 720。就这样，他被教练选中参加这次校际体操赛跳马单项比赛。在正式比赛前的热身活动中，沈岳又很好地两次完成了这个新动作。那时的沈岳已经完全进入了状态。但是万万没有想到，这两次成功完成的直体后空翻转体两周的动作，会是他一生中最后的体操经历。

无法预料的事故

跳马是比赛的第三个项目，裁判举起小旗示意沈岳可以上场了。沈岳举手向裁判致意，在队友和斯坦福大学观众的鼓劲加油中，开始起步奔向跳马。

几年后，沈岳在自己的博客文章中描述了其后所发生的一切。

我起跑时一切都顺利。只是在第一个踺子小翻上马时，我有点担心了。我在跳马上的弹跳并没有期望得那么有力。我当时在想：在落地时可能会有点小麻烦。我当时对完成这个动作是没有任何怀疑的。体操运动员从开始训练时就被告知，不能在完成动作时突然停下来，特别是在比赛过程中。因为如果突然停下来，运动员受伤的可能性要比没有充分完成这个动作大得多。所以尽管我在翻身跃上跳马时没有足够的力量，但已经没有退路了，我只能孤注一掷。这就像是在打扑克牌，孤注一掷并不都会带来最好的结局。

一切都来得那么突然。刚一落地，我的左腿就完全失去了控制，并立刻瘫软下来。这时，巨大的撕心裂肺般的疼痛传遍了我的整个身体，我立刻用尽所有的力量发出痛苦的喊叫。当我喊到透不过气来时，立刻猛吸了一口气，然后再次大声地痛苦喊叫出来。

体操队专职医生伽萨和其他教练都赶了过来，我紧紧地拽住伽萨医生的手，同时还在拼命地喊叫。当我终于稍微停歇一会儿的时候，我在伽萨医生的脸上看不到他一贯幽默微笑的表情。我知道我这个赛季的目标应该已经泡汤了。

几天之后，诊断书出来了。我左腿膝盖的内侧、外侧、前部和后部的四条肌腱全部损伤并撕裂。伽萨医生严肃地对我说:“我们需要做多次手术来修补你左膝盖损伤严重的肌腱和骨骼，你必须认真地考虑在所有这些手术结束之后是否还要参加体操训练和比赛。”

有时候，有人问我是否后悔参加体操训练和比赛，或者是否后悔学习直体后空翻加转体两周的跳马动作，我的回答是：我从来没有后悔过。我知道我和我的教练已经为此做了充分的准备，这只是一次意外事故。我所关注的不是已经发生的事情，而是着眼于将来。

不管什么原因，我从来没有怀疑过会重新回到体操比赛场上。这次命运给了我迎面一拳，而我需要做的就是吐出嘴里被打落的牙齿，对命运说：“这就是你最好的一招吗？看看我的一招！”说实话，随后的多次手术以及随之而来的康复活动，给我的生活带来了诸多不便，而这才是事故带给我的麻烦，事故本身对我来说，并不是一件要紧的事情。

我们当时远在美国另一侧的东海岸，对这次事故完全不知情。事故发生数天后，沈岳打电话告诉我们，他在几天前的比赛中受了一点小伤，稍微休息和康复之后就没事了。对于体操运动员来说，在训练和比赛中受伤是家常便饭，我们只是叮嘱他注意休息和治疗，并祈祷他早日康复。多年之后，我们仍在为当时如此疏忽并轻信沈岳“谎报的军情”而感到自责和内疚。

沈岳在下半年经历了三次较大的手术，前两次分别修复了左腿膝盖部位的四条肌腱，第三次是因为手术后伤口发生了感染，又做了一次清洗手术。术后他立即开始了每周三次、每次一两个小时的康复治疗。同时，他尽可能不缺席体操队每周五天共 20 个小时的正常训练时间。沈岳保持着自己固有的积极心态。他一直坚持运用想象练习法，把各项成套动作在头脑里反复操练，以保证康复之后从心理到生理上尽快恢复状态，重返训练场。

与此同时，沈岳还必须完成在专业学习方面的所有课时和作业。按照美国全国大学生体育协会的规定，如果大学生运动员不能达到规定的课时和学习成绩要求，他们就会被取消大学生运动员的资格。

经过八个月的精心治疗和康复，2007年秋沈岳重新回到了体操训练场上，并参加了对腿部承受压力较轻的鞍马和双杠两个项目的训练和比赛。这次归队训练，对刚刚康复的沈岳无疑是极大的挑战。与此同时，更大的挑战正等待着沈岳和他所有斯坦福大学体操队的队友们。

不可思议的失败

2007—2008 年赛季，从 2007 年秋季学期开始。此时斯坦福大学的男子体操队渐入佳境，达到了全盛，并在美国大学生男子体操队排名中独占鳌头。2008 年 5 月，美国大学生男子体操锦标赛全国总决赛的主赛场就设在斯坦福大学的梅珀斯体育馆。10 年前，斯坦福大学男子体操队曾有过一个黄金期（1992 年、1993 年、1995 年获得了全美大学生男子体操锦标赛冠军）。10 年来，斯坦福大学体操队一直盼望着重铸辉煌，而这次赛季堪称天时地利的绝好机会。

我们全家于 2008 年 4 月从波士顿乘飞机抵达斯坦福大学，为沈岳重返赛场鼓劲加油，并期望亲眼见证斯坦福大学男子体操队夺冠的精彩时刻。然而，我们却见证了一场“不可思议”的比赛结果。

还是由沈岳来讲述这个扣人心弦的比赛结果吧，以下内容转自沈岳的博客文章。

第一天的预赛进展得很不错。作为单杠项目的首发队员，我动作完成得很漂亮（这是我所有双杠中所做得最好的一次）。其他队员也完成得很好。我们带着这个势头进入了下面的比赛项目，并且在第一天的预赛里顺利获得了第一名。斯坦福大学男子体操队以 4.55 分的极大优势领先位于第二名的俄克拉荷马大学体操队。

当天晚上在准备第二天决赛的时候，我一直对自己说：明天的动作不要有任何变动，只要和昨天一样不出差错完成就可以了。现在回头来看，这是一种很不好的自我对话。我当天在单杠上做第二个单手转接动作时，实际上稍微有一点偏。第二天同样是单杠项目开头，我同样是首发队员。我非常努力地想一模一样地完成昨天做成的那套动作。但是当我在单杠上做单手转接动作时，我的身体过于偏向那只抓杠的手臂，由此失去了重心，从杆上掉落了下来。

这个失误马上导致被扣一分。这绝不是我们全队所想象的决赛开头。我对自己非常失望，尽力不让自己的情绪流露出来，同时全力地为自己的队友加油。整体上来说，全队的动作完成得不错，但是几个主力队员也都有一些小失误。

全队所有队员完成比赛时，总分是362.750，这个成绩在所有参赛队中暂居第一。但比赛还没有结束，因为紧随其后的俄克拉何马大学男子体操队还有一个项目没有完成。现在我能做的就是默默注视着该队最后一名运动员乔纳森·霍顿上场。霍顿以一套无可挑剔的男子吊环动作结束了2008年美国大学生男子体操锦标赛的全场比赛。

乔纳森·霍顿可不是等闲之辈，他是两年前全美大学体操队的全能冠军，以及2008年和2012年两届奥运会美国男子体操队主力成员。① 这时，场上电子分数板显示出了霍顿的得分：16.1。这是那天吊环项目比赛中的最高分。电子显示牌经过几秒钟的闪动之后，所有参赛队的总分数和排名出来了。斯坦福大学和俄克拉何马大学体操队的名次颠倒了！

俄克拉何马大学体操队：363.200

斯坦福大学体操队：362.750

我们队以低于俄克拉何马大学体操队0.45分的成绩失去了第一名的位

① 美国大学生男子体操锦标赛后的8月，沈岳在北京观看了奥运会男子体操冠军决赛，并为美国男子体操队主力运动员、自己昔日的“对手”霍顿大声鼓劲加油，为此还得到了他身边观众很不理解他为美国对手加油的“白眼”。——作者注

置，这是一个让人无法想象的结果。

我们带着整个赛季都是全国大学生男子体操队第一的光环来到赛场，来到斯坦福大学这个喧闹的、有着数量空前的观众的赛场。可是我们却垂头丧气地走出赛场，以仅仅 0.45 分的微弱差距丢掉了全国大学生男子体操锦标赛的桂冠。

但正是这个痛苦的时刻，铸造了我们夺回冠军的决心。

当时，我们全家也是第一次观看美国大学生体操锦标赛。为了准备这场比赛，斯坦福大学所有体操队员的家长在比赛之前还专门讨论在赛场上喊什么样的口号，以及如何与体操队队员在场上遥相呼应地对接口号。我们这些家长还帮助联系筹办了斯坦福大学体操队庆功宴的所有事宜。对所有关注斯坦福大学男子体操队的人来说，冠军仿佛是万事俱备，只等水到渠成的时刻。

比赛结束之后，我们如期举办了晚宴，预期的庆功气氛确实受到了很大的影响，但有一个插曲却给我留下了很深的印象。

晚宴上，斯坦福大学男子体操队队长代表所有队员致辞。他发言的具体内容我已经淡忘，但最后一段话却牢记在心。他说："在比赛结束后，我们有些队员非常沮丧，并且用过激的言行来表达自己的情绪，我自己也觉得无法面对这样一个结局。但是沈岳当时对大家说：'我们无法改变已经发生的事，但是我们可以改变我们的态度。'（We cannot control what happened to us, but we can control our attitudes towards what happened to us.）我觉得沈岳这句话说得很好，我想在这里再重复一遍，并以此与大家共勉。这学期一结束，我就要毕业离开斯坦福大学了，但是我知道斯坦福大学男子体操队明年会夺冠的。"我们在场的所有人，都为队长的发言热烈鼓掌。

2008 年夏季，沈岳已经完成了本科学业，就要毕业离校。但他做出了一个重大的决定：他要留在斯坦福大学攻读硕士学位。根据美国大学生体育组织的规定，如果本科生因为体育训练比赛受伤而停止比赛一年，可以继续享受大学体育队成员资格一年，这就是美国大学体育竞赛中的“红衫年”（red shirt year）。这更加坚定了沈岳继续在斯坦福大学攻读硕士学位的信心，他说：“我要完成未竟的事业。”

在2007年受伤之后，沈岳在专业学习、康复治疗以及保持体能训练的同时，挤出时间为斯坦福大学男子体操队制作了一部激励人心的视频短片《力量来自奋斗》（*Strength Comes in Struggle*）。这段视频在美国流行网站YouTube上播出后，获得了很多好评。短片讲述了斯坦福大学男子体操队的运动员如何克服各种伤痛以及训练中所遇到的挑战，如何在奋斗的过程中增强自身的实力，再攀高峰。当时在网络上，这样一部包括音乐、图像、内容、情节的业余视频短片并不多见，有关大学体育运动队训练的内容也属新潮。正是这部视频，使得观看斯坦福大学男子体操队比赛的观众从寥寥数十人上升到数百人。这部短片也在当年的斯坦福大学学生业余制作电影节上获奖。到目前为止，这部视频短片在视频网站上已有50多万人的浏览记录。

在2008年斯坦福大学男子体操队年度总结评比中，沈岳获得了全队“最激励人心奖”（The Most Inspirational Award）。这对沈岳来说是一个极高的荣誉，我们也为此感到特别欣慰。一年后，我送给他的毕业礼物书籍的封面上附了一张他的照片。照片上，沈岳正在做一个标准的吊环十字撑，背景墙上醒目地挂着一条横幅，上面写着：力量来自奋斗！

成功不是最终的，失败不是致命的；关键是要有坚持不懈的勇气。（Success is not final，failure is not fatal；it is the courage to continue that counts.）据说这是第二次世界大战时英国首相丘吉尔的一句名言。在十几年的体操生涯中，沈岳付出了大量血汗和伤筋断骨的巨大代价，但是他能够在自己的体操生涯中实践这条至理名言。这是一个真正男子汉所必备的终极精神。

作为父亲，如果必须选择，我宁愿要一个身体上有残疾，但心理上健全的孩子。一个悲观消极、畏惧困难、心理上有残疾的孩子，对家庭和社会来说都是“负能量”。

夺冠后的启示录

2009年，斯坦福大学男子体操队如愿以偿地获得了全美大学生男子体操锦标赛的冠军。同时，由于斯坦福大学男子体操队所有队员的学习平均成绩（3.394，差不多是A^-的平均成绩，所有成绩都是A即4.0）位于所有参赛队平均成绩之首，他们也获得了美国大学生男子体操队的学术冠军。一个大学体操队同时获得体操比赛和学术成绩的第一名，在全美大学体操协会历史上从未有过。

这一年，斯坦福大学男子体操队成员以自己的奋斗精神和聪明才华完美地演绎了学校重视体育竞赛和学术成就的校园精神。但对沈岳来说，这并不是一个好莱坞童话电影般的成功—失败—奋斗—成功的圆满结局。还是用沈岳的“实话”来描述他自己体操生涯并非完美的结局吧。

那天晚上，斯坦福大学最后的得分是362.800，比第二名密西根大学体操队的361.500高出一分之多。我们2008年的死对头俄克拉何马大学体操队跌到了第三名，得分是361.200。

经过多年的奋斗和挫折，我们终于赢了。斯坦福大学继1995年获得全美大学生男子体操锦标赛冠军后，相隔14年，终于又站在了冠军领奖台上。从那天晚上起，我们可以堂堂正正地说，在以后的365天里，我们是全美最强的大学生男子体操队。

不要误认为这个过程听起来好像是一场电影，告诉你们一个事实：我在最后关头没有机会参加全美大学生男子体操锦标赛项目的比赛。

在出发参加2009年全美大学生男子体操锦标赛之前的最后一场训练时，

我又受伤了。我在双杠落地时有点小小的失误，这是我一直担心的，尽管之前我都安然无恙地度过了整个赛季。虽然这只是一点扭伤，但是足以导致我不能参加正式比赛。我很失望，同时也很沮丧地告诉我母亲，她没有机会看到我体操生涯里的最后一场比赛了。

我妻子毛时辛是一名专业体操运动员，在麻州体操中心担任资深女子体操教练。沈岳就是在这里开始体操生涯的，因此她也是沈岳的启蒙教练之一。决赛前的晚上，时辛在自己日常训练工作结束之后搭乘半夜航班于凌晨赶到位于美国中西部明尼苏达州的首府明尼阿波利斯市，见证了斯坦福大学男子体操队在 14 年之后终于重新夺冠的时刻，也和沈岳及其队友分享了胜利夺冠时的激情狂欢。

沈岳是斯坦福大学男子体操队的共同队长之一。虽然他没有机会直接参加任何男子体操比赛项目，但是作为队长，他仍然是上场队员之一，因此也获得了那枚他五年来梦寐以求的、只有全国冠军队成员才有资格获得的戒指。

2008 年，斯坦福大学男子体操队在自己学校家门口与冠军奖牌失之交臂，与其说给沈岳留下了刻骨铭心的失败痛苦，不如说是帮助他和他的队友们铸造了力争夺冠的决心。对于沈岳的体操生涯来说，2009 年虽然并不完美，却使他得到了许多人一辈子也没有得到的人生感悟：失败不是致命的。而这一感悟对即将离开学校，真正走上人生之路的年轻人来说，是一份极其宝贵的精神财富。

这份宝贵的精神财富是无法用金钱来衡量的，也是任何昂贵的精英教育都无法提供的，只能在自身的奋斗过程中获得。

沈岳在自己的博客中写下了这样的夺冠体会：

（1）在成功之前要想象成功。这种想象是抽象的，也是具体的。每年，我们的体操队都力争要赢得冠军，这是驱动我们努力的最大动力。我受伤之后，也是一直在想象着自己如何完成新的或者是成套的动作，这样我回到训练场上时，就会觉得很自然。你可以想象自己成功地做成了一笔生意，或者是需要心平气和地与你的孩子说话。这种平时持续的想象习惯，会使你在真正身处其境时能够顺其自然地行事。

（2）不要追求完美，但是要全力以赴。当我在单杠上做“完美”的单手支撑时，我的心理自我指导是有误的。当全队成员都希望做得完美无缺以获得冠军时，我们失败了。但是当我们力争达到平时训练的水平时，我们却赢了。不要尝试不犯一点错误。在你努力去实现所设定的目标的时候，一定要牢记：激情满怀者与胆小慎微者相比，前者 90% 是会获胜的。

（3）体验、享受过程和目的。成功的感觉爽极了。但是如果你对那些夺冠之前的多年刻苦训练甚为反感，那么夺取冠军本身的成功并不会使你感到满意。我能够在受伤之后重新回到赛场上，是一个梦想成真的过程。我每天都为自己能够继续参加我所钟爱的体操训练和比赛而充满感激。不管你是创办一个公司还是攻读博士学位，请记住，实现目标的过程与达到目标是同等重要的。

（4）与他人一起获胜是重要的。丹·格尔是斯坦福大学男子体操队的一个老队员（他与其他人一起创办了一个公司，他也是我所崇拜的英雄之一）。他曾获得九次全美大学生男子体操比赛的荣誉奖以及两次跳马冠军。他告诉我，他情愿放弃所有的个人单项奖来换取美国大学生男子体操锦标赛的团体冠军戒指。获得个人成功的感觉很美好，但与他人一起共同获得成功的感觉会更美好。

（5）如果有一个梦想对你很重要，一定不要轻易放弃。这话听起来好像是老生常谈，但却是我经历的核心所在。如果这是你的梦想，而且你愿意为实现它付出一切代价，那你就极大地提升了最终实现这个梦想的可能性。但是这并不意味着你一成不变、按部就班地行事就能成功。我停止了某些项目的训练，同时也在训练中更加谨慎和专注。甚至在我受伤之后回到赛场再次受伤时，我仍然绝不放弃，并由此分享到了团队所获得的成功。要相信自己，相信自己的梦想。只要这些梦想使你心动，你就永远不要放弃它们。

我想这次“终止体操生涯”的受伤事故以及不屈不挠重返赛场的经历，

应该是沈岳在斯坦福大学五年经历中的最大收获之一。作为一个想要有所作为的男子汉，通过这段经历，他得到了真正意志上的考验。

人生的成长教育是由许多至关重要的要素构成的。良好的家庭和社会环境确实必不可少，智商和情商当然也必不可少，然而要真正追求一生的健康成长，并且有所作为，面对逆境而自强不息的精神，也就是所谓的“逆商”，更是不可或缺的。

这本书所讲述的故事就是这些要素产生和成熟的土壤与环境，也是我们全家与沈岳共同接受教育和成长的故事。

2 走自己的路（父子对话录）

本小节是我和沈岳在 2015 年年底的一次网路交谈。与其说是父子之间的谈话，不如说是一次父亲与成年孩子之间的信息交流和心灵沟通，也是两个教育与文化背景不同的男人之间的对话，同时也是对沈岳大学毕业之后迄今为止的职业与人生的回顾和展望。

五年大学求知行

老　爸：

你在斯坦福大学校园里度过了五年时光，获得了斯坦福大学科学学士和硕士学位。如果把你担任斯坦福大学日报（这是一个位于斯坦福大学校园但又独立于斯坦福大学的独立法人机构）总经理的那一年算进去，你与斯坦福大学有六年朝夕相处的经历。你对斯坦福大学是如此的钟爱，在三年级时你就出版了《斯坦福大学精神》一书。从斯坦福大学毕业之后，你甚至还在身上文了“S”这个字母，以表达你对学校的喜爱。现在你离开大学已经六年了，能回顾一下斯坦福大学给你留下哪些可以值得怀念的地方吗？

沈　岳：

现在回想起在斯坦福大学的经历，我想起了我在学校所做的各种项目，以及共事过的人。显然，体操是我所有在斯坦福大学的经历中一个重要的部分——我们全队 15 个队友每周共同训练 20 个小时，赢得了全美大学生男子体操队的冠军，这是我们朝思暮想的目标。我在斯坦福大学学到了有关人际交流的经验。作为一个亚裔学生，我学会了如何看待“男性文化”，特别是在被人称为“兄弟文化”的体育队里。男子运动队中，同伴们互相取笑是家常便饭，你必须学会如何找到自己的位置，并处理好队友之间的相互取笑和恶作剧。总体而言，你要站稳脚跟，不要成为他人的笑柄。我现在很少在意人们如何评说我，在很大程度上是因为我在体操队里积累了这些经历。

我所撰写的伦理学方面的毕业荣誉论文（《谁得到好处？——肝脏移植的伦理思考》），以及我所选修的哲学课程帮助我提升了思维辩证方面的能力。正是通过这些有关的思考和写作，我获得了对自己的观点和思想的自信心。同时，我能够比较流畅地写作，这也是增强我自信的一个方面。现在的同事认为写作是我的一个强项，但是记得在高中甚至在大学的前几年，我在写作的时候仍然很吃力，当时并不认为自己具有良好的表达能力。

显然，波尔刚基金会学生社团的管理、《斯坦福大学科学评论》杂志的编辑工作以及其他类似的学生社团活动，提升了我的领导能力。我开始阅读大量的商业书籍，思考管理和创新问题。我觉得能在这些不同的课外活动中进行实践是非常有意义的。我在波尔刚基金会俱乐部活动中遇到了凯文、比拉尔、索菲亚、贝琳达、文迪、瑞湘、艾伦等人，他们后来都成为我非常亲密的朋友。他们不少人是亚裔，而我当时体操队的队友大多数是白人，所以我在白人和亚裔中都有朋友。

我在大学也开始和女生约会了。以前在高中，我从来没有交过女朋友，在斯坦福大学交女朋友的过程中学到了不少东西，在浪漫和性爱方面获得了一些自信。我知道自己是有吸引力的男生，可以让女伴高兴，这对我今后和女性交往很有意义。我想如果我没有在大学谈女朋友，那以后谈女朋友会有很大的困难。

斯坦福大学是人们对我个人评价的一个出发点。我最近写了一篇论述这个观点的博客文章。人们知道我去了斯坦福大学，就会期望我做一些事情。看到大学同学们做出了一些成就，也激励我把我的目标放大，更加雄心勃勃。如果我仅仅只是技术行业的一个专业工作者，那与人们的期望还是有差距的。

老　爸：

你在斯坦福大学就读生物学专业并获得了学士和硕士学位。据我所知，斯坦福大学的生物学专业一直在美国大学生物学专业中名列前茅。但是你毕业之后并没有去读医学院，也没有在生物科学领域寻求发展。我能想象有些“保守”的父母亲（尤其是在我的朋友圈里）可能会认为你没有充分发挥你所学的专业知识，或许有些家长会认为你“浪费”了家庭对你读大学的投资。现在如果听到这样的评论，你会有什么样的想法？

沈　岳：

我认为，大学毕业之后的职业与大学专业没有关联而被人认为是“浪费”，是完全可以理解的。但是我最近看到一个研究报告的数据显示，有近一半美国大学毕业生的第一份工作与他们的大学专业领域是无关的。

我知道有人会问，这样上大学有什么意义？获得大学文凭又是为了什么？按理说，大学所学专业应该帮助我们获得一个成功的人生，其中就包括找到一个充实而有意义的职业方向（在金钱和情感上都是如此）。

我学生物学，是因为我喜欢科学，而且当时也不知道有什么专业可以选择。我探索过其他专业，并没有发现有什么能特别引起我兴趣的地方。这是否就意味着我今后的一生或者至少在未来的几年里都要从事生物科学呢？我发现研究工作很枯燥，不想在医药界工作，也不想到医学院读书。这些都是生物专业学生的两大职业道路。对我而言，生物技术也是一个很无聊的行业，我或许会找到自己的工作，做一个实验室技术员，或者在一个注重商业盈利的生物技术公司工作。但是在这种情况下，我的生物学知识可能也不会得到很多赏识。经济学中有一个概念叫“消失的成本”（sunk costs）。大多数人不敢直面“消失的成本”，所以即使他们不应该继续从事某项工作，仍然不能面对现实。我想我很明智地及早认识到了这一点。

这个世界变化如此之快，大学课程无法为你提供工作技能。主修生物学让我认识到科学和工程技术的内在价值，并培育了我理解其中那些复杂的观点和知识的信心。即使你是学习工程的，还是要不断地在职业生涯里学习新的东西，否则就会落伍。年长的工程师感叹他们被那些研究新兴技术的年轻工程师排挤到了一旁。同时这些年轻的工程师都愿意加长工作时间，获得较少的工资。因此，年长的工程师只得不断努力来证明他们自己的工资和工作时间是合理的。这个世界充满了竞争，知识就是一种优势。但是还有一个更大的优势（至少对我来说是如此），那就是你是否热衷于你所做的事情。有些人可以去一家投资银行，每周工作 90 ～ 100 个小时，而我一个月后马上就会辞掉那份工作，怨恨这份工作。然而，我心甘情愿地做很多本职工作之外的事情，如跑马拉松、去健身俱乐部、写一本书或者举办一次讲座，以及诸如其他别人无法来激励自己去做的事情。

我并不是说每个人都要对自己的工作充满激情。但是对我而言，如果很高兴地去做一件事情，我是不可阻挡的。反之，如果不能对某事激发热情，我就会无所作为。

投身创业乐无穷

老　爸：

当大学即将毕业时，你告诉我你想投身企业界，首先从商业咨询或营销行业中寻找工作机会。我告诫你，你将需要两年的时间去测试这个行业，然后才可能知道自己是否做出了一个明智的决定。现在，你硕士毕业已经六年了，是否可以说你做出了一个很好的决定？

沈　岳：

是的，绝对如此。我热爱我现在的工作，喜欢我的同行，也擅长目前的工作。我得到了很好的报酬，年薪已经远超过了六位数。我现在的收入与斯坦福大学的商业管理硕士（MBA）毕业生的平均年薪（12.5 万美元的基本工资，加上 3.1 万美元的奖金）相差不多，但是我没有花掉两年的读书时间，以及借贷 10 多万美元去交昂贵的学费。

我计划在不久的将来创办自己的公司，那将是另外一次很大的冒险。我最近与他人合伙在网络上开设了一个帮助其他初创人员提供咨询和支持的项目，共有 20 多人报名缴费参与为期三周的项目，我获得了相当的收入和经验。我无法想象这会比我上医学院读书还要糟糕。我有的同学还在做住院见习医生，还不知道结束之后究竟会在什么城市正式上班。他们的工作时间长，空闲时间极少。

老　爸：

但是商业和企业界的风险是很大的。你从《斯坦福大学日报》总经理的职务上下来之后去了一家刚成立的高科技工作，一年之后离职并与你的两个朋友在硅谷创办了一家网络搭车服务公司。第一年，你们公司进展很顺利，甚至得到了一百多万美元的天使投资。公司在当地小有名气，甚至被一些主流媒体（如《纽约时报》《名利场》）报道。但是一年之后，公司的盈利前景黯淡，你们决定主动关闭公司，同时归还了公司的银行帐户以及接近半数的天使投资金额。你对这样的一次不太成功的经历有什么体会？

沈　岳：

创办“快乐搭车”（RideJoy）是迄今为止在职业生涯中对我影响深远的一段经历。我现在的成功有两点可以归于这个公司：一是我在这个公司所学到的知识，二是提高了我的知名度。我与投资者建立了联系，形成了面向创业人员的人际网络。这个网络的成员既是我的同伴，又是我可以参照的对象。同时，我也在硅谷找到了立足点，获得了在企业界参与各种工作的本钱，可以很自信地与他人谈论创业方面的问题。正因为创业的经历，我获得了“总统创新学者”（Presidential Innovation Fellow）的荣誉。我坚信这是很多人看我的博客以及我能够有机会得到目前称心的工作机会的原因。

我在创办“快乐搭车”时获得了极大的乐趣，学到了很多经验，也和不少朋友建立了深厚的友谊。我们现在仍然保持着联系。回头来看，我们的工作还是很有成效的，许多人通过使用我们提供的服务获得了方便和快乐。

失败挫折何所惧

老　爸：

对很多人来说，尤其是我们这一代人，如果在事业上遇到挫折，一般是不愿意谈论这些经历的。但你在博客里公开谈论你的“失败经历”，甚至还被邀请在一次全美性的论坛上谈论这些经历，为此你还得到了美国知名的全国公共电台（NPR）的采访（当时我在下班回家的路上从电台节目里听到对你的采访时，兴奋地大叫起来）。从这次挫折中，你学到了什么？

沈　岳：

硅谷是一个拥抱失败的地方。投资者喜欢资助那些过去曾经失败过的创业者，这些人在创业过程中学到了很多东西，也知道哪些是自己的弱项。这些人特别想要有机会东山再起来证明自己。有时你可能因为第一次创业成功而过于自信，但不得不承认这其中有不少是运气。我并不像有些成功人士那样，尽力掩饰自己的失败，从不提及自己的弱点，好像自己没有做不好的事情。这样就会变成一个虚假的故事，并误导那些从一开始就没有成功的人。

我想做一个诚实的人，并让人们看到，失败是正常的。我也有朋友，他们已经开始创办自己的公司，会问我现在的感受，显然他们害怕自己失败。当他们看到我即使是“失败”了，但现在一切都很好时，就会感到安慰。我参加这样的全美论坛、举办演讲，和其他参与者交流，也是用另一种方式来分享我的知识和经验，同时建立自己的知名度，因为人们最后记住的是你上台做了讲座。我是被邀请来的演讲者，而那些听众是支付了数百美元来参加这次会议的。

我特别欣赏有关失败的两段话。第一段话是："不要担心失败，你只需要有一次是正确的。"此话出自德鲁·休斯顿，此人是Dropbox公司的共同创始人和首席执行官。他是我参加硅谷创业培训班最早期的学员，目前他的公司的市场股价超过一百亿美元。第二段话是："我创办的第一家公司惨败了，我创办的第二家公司也失败了，虽然不算是惨败。而你们知道我的第三家公司也失败了，但是我当时的感觉还不差，因为我情绪恢复得很快。我的第四家公司几乎没有失败，虽然我还没有成功的喜悦。我的第五家公司就是PayPal。"此话出自PayPal（美国最大的网络付款公司）的前技术总管梅克斯·列夫金。

老　爸：

谈到挫折，你当年在斯坦福大学三年级的时候，体操技能达到巅峰，个人全能总分进入全美男子体操前15名，但你在2007年首次校际比赛时发生事故，左腿四条肌腱完全被撕裂损伤，这是一个终结运动员生涯的事故。然而，两年后你有了一个近乎好莱坞电影式的回归。当离开斯坦福大学时，你积极参与健身活动，保持了一个有规律的健康的生活方式。你甚至还开始了过去最不喜欢的长跑活动，并带着膝盖保护支架参加了铁人三项锻炼以及马拉松比赛。你还名列硅谷地区最有健身意识的企业家的首位。什么动力使你如此重视健身和保持健康的生活状态？

沈　岳：

我不是因为想要健康才去参加体操训练和比赛的。在很多方面，体操活动对健康产生了适得其反的作用。在体操训练和比赛中，很可能会伤害自己的身体，因为这项运动许多时候要求运动员在训练比赛时冲击体能的极限。我参与体操项目是因为我要成为一名出类拔萃的人，要在成长中挑战自己，并不断完善自己，参与竞争并获得胜利。体操让我变得坚强，只是一种巧合。从总体上说，体操训练和比赛经历使我身心更加坚强了。当然，膝盖的严重受损也提醒我，这个运动可能会极大地伤害我的身体。

请记住，我获得生物硕士学位的唯一原因就是我的膝盖受了伤，我本来是要在斯坦福大学多待一年以获得大学生校队比赛冠军的。所以，硕士学位是我的意外收获。

跑步也是如此。我对这项活动产生了兴趣，就开始挑战自己跑步的时间和距离。我开始跑步并不是因为这是一项“健康的”活动，尽管它确实对我的身体健康很有效，也确保我的体重在停止体操训练比赛之后不再增加。但这些都不是我参加马拉松比赛的理由。人们不必为了保持体形而去参加马拉松长跑的训练比赛。同样，我所设计的一系列健身挑战活动和为准备打破阿兹台克俯卧撑吉尼斯世界纪录所做的一切，也不仅仅是为了身体健康。最近，我参加了一个泰拳健身房，想再次以一种新的方式来挑战自己。

锻炼身体和饮食健康是很重要的，因为它使你精神抖擞，感觉良好，思维敏捷。但我参加这些健身活动的目的，与保持身体健康还是有区别的。我练体操和跑步以及其他一切活动的主要出发点，并不是完全为了锻炼身体，也满足了我精神和心理上的需求。

志在发展创人生

老　爸：

你喜欢接受新的挑战。当你想去申请“总统创新学者”时，我们认识的一位在联邦政府任职的高官告诉你，根据他的认知你能够得到这一荣誉的机会是很渺茫的。但是你还是说干就干，并获得了成功。你第一次为联邦政府部门工作，感觉如何，有什么收获？

沈　岳：

我最近在“总统创新学者”两周年团聚的时候又去了一趟华盛顿，再次为这么多聪明能干的人情愿放弃在私人企业拿高薪的机会而为社会服务的精神所感动。当然，一些创新学者在结束了联邦政府的工作之后又回到了私营部门，也有些创新学者在结束之后开始创业。但是还有不少创新学者离开了他们工作多年的私企，到政府部门为公共服务。

通过做“总统创新学者”的经历，我还体会到政府的构建是很难改变的，因为人们本来就希望政府是一个稳定、可以依赖的力量。但随着新技术日益改变世界以及全球化的进程，经济结构的变革决定了我们生活在一个相互联系的社会状态里。但是政府的运作方式、决定过程以及提出和执行政策的过程却是非常缓慢的。政府的决策人相当厌恶风险，因为他们希望从一个稳定的政府职业生涯中得到好处。如果他们不依照惯例行事，有可能失去这份工作。

因此，任何错误的决策都会使他们失去所有可能获得的利益，这意味着目前的政府功能已经不能迅速满足人们的需求了，无法应付社会不断变化的需求，并为之服务。这不仅是联邦政府所面临的挑战，也是各级政府都面临的挑战。这也意味着，我不太会相信社会上流行的那些对政府的批评，因为人们在这样的体制内很难做出正确的决策。出于各种政治原因，最终妥协的结果一般不是人们所期望的。

老　爸：

说到接受挑战，我想询问关于你打破阿兹特克俯卧撑吉尼斯世界纪录的经历。看到你寄来的那张官方的吉尼斯证书，我非常高兴，甚至把它张贴在办公室里与同事们分享。这也是我与朋友谈得最多的有关你的趣事之一。

沈　岳：

像许多发生在生活中的事情一样，打破阿兹特克俯卧撑的吉尼斯世界纪录也是一件偶然发生的事情。2013 年参加旧金山马拉松比赛后，我决定选择一种不同的健身活动。我每月给自己提出一个新的健身挑战：有的是手臂力量方面的，有的是腰部肌肉锻炼。然后我会在月底检测自己，看看自己的技能提高多少，是否达到了制定的目标。我还做了一些不同的健身挑战活动视频，这也是一种很有乐趣的自我设计和制作网络项目的经历。

一段时间，我想尝试不同的挑战，于是就在网络上搜索不同的“俯卧撑”。我在一个视频网站里看到了十种不同的俯卧撑形式，其中最难的就是“阿兹特克俯卧撑”。所以我决定把它作为那个月的健身活动挑战。后来在查询了更多的信息后，我得知阿兹特克俯卧撑的世界纪录为一分钟内完成 31 次。当一个月结束时，我就可以基本达到 30 次了。我知道只要再努力一下，我就可以击败这个记录了。可能这个纪录只是有人随意做出来的，而且大多数人并不知道这件事情，所以也没有很多人努力尝试打破这个纪录。对我来说，也就相对容易去打破这个记录了。

这就是我要传达的信息：发现你的特长，以及与他人相比所具备的优势，这样就可能在你所占优势的领域超过其他竞争者，或许这还不是一个挤满了竞争者的领域。

老　爸：

你在美国东北部的波士顿地区长大，高中毕业之后到了西海岸的斯坦福大学。大学毕业之后，你先在斯坦福大学校报公司任职，而后又到硅谷工作创业。之后你又去了华盛顿特区为白宫工作，现在又在纽约市工作。这几年，你是不是有点儿像坐过山车那样的感觉，很刺激？

沈　岳：

是的。我的生活至今一直是变动的，也是丰富多彩的。我喜欢在城市生活，每个城市都是不同的，有不同的人群、不同的景点、不同的行业，以及特有的生活方式。

对新技术开发来说，旧金山是个好地方。生活在这里，我与许多新技术行业内人士交流、接触。华盛顿特区里有不少很乏味的人，也是一个没有青春活力的城市，在那里做事要"有规有矩"，一点儿也不前卫。在那里，一切都是传统导向，不能太出格。纽约是更好玩的地方，更喧闹而且充满活力，能够遇到各式各样的人物。我觉得我还仅仅触及了这个城市的一些表面。

我最终还是想回到旧金山地区，希望在那里继续我的创业生涯。旧金山给我留下了很深的印象，那里可能是我创业的归宿之地。

老　爸：

我知道你从小就喜欢发表自己的想法，到了初中以后，就有写日记的习惯。你的那篇"声讨"我强迫你在初中暑假期间做作业的"檄文"，就是一个证明。后来，你的个人写作热情越来越高，高中就开设了自己的网站，到了大学又成了斯坦福大学学生博客协会的主席，之后编辑出版了书籍。这几年来，写作成了你个人和职业生活中一个不可缺少的部分，也是你人生中的一个亮点。我知道你现在写的许多博客文章是希望与读者交流，那你业余写作的动力和兴趣是什么？

沈　岳：

我喜欢和他人交流来表达我的思想，是你让我觉得思想是重要的。比如，我在初中时曾写了一篇关于说唱音乐的文章，你看了之后很高兴，还拿给你工作单位的同事看。我在学校读书时不是很喜欢写作练习，因为我觉得这种写作有时很无聊。但是通过写作来表达自己的真实观点，对我说却是很有趣的事情。

我喜欢看见自己的思想变成文字，这样它就不会丢失。我从小到大读了很多书，记得有人曾说，读书就是和作者进行一次对话交谈，尽管这个作者你一般是不会见到的，或者早已过世了。写作是给这个世界留下一份遗产。我想通过这样的写作来记录我的思想，以及随着时间推移思想发生的变化过程，并使这种记录成为可能。

在过去的五年里，写作对我来说不仅是要表达自己的思想，而且是记录我所学到的经验教训以及增长的见识。我的写作也是一种自我宣传。人们传阅我的文章是因为我帮助了他们，他们变得更加聪明了。我的那些被人传阅的文章使我意识到，正是因为我写了这些文章，在他人的眼中我才可能成为一个有见识的人。一般而言，人们更愿意雇用这些有见识的人，或者与那些“他们听说过的人”共事。我的博客文章流传得越广，那么我就越有可能遇上那些读过我文章的人，或者是听说过我的人。

老　爸：

你从小就喜欢交朋友，与他人交流。你在高中开设了自己的网站后，就专门设立了一个读者来信邮箱。大学中，你和几个同学创办波尔刚基金会，也是希望通过学生筹款来帮助第三世界的贫穷创业者。你在旧金山和纽约市生活时，都会主动抽出时间做义工。为什么在生活和工作比较忙碌的时候，你还挤出时间参加这些社区义务活动呢?

沈　岳：

做义工对我来说是义不容辞的。当在事业上获得了成功和权力之后，我希望通过自己的影响和技能来帮助生活中并不幸运的人。显而易见，我目前的优越地位主要不是通过自己的努力工作而获得的，是父母帮助我走上了成功之路。我们恰巧住在世界上一个安全的地方，同时还有如此优越的公立教育。我们住在美国是幸运的。我完全有可能出生在非洲中部的某个地方，或者出生在一个父母都是吸毒上瘾的家庭。如果真是如此，我今天的生活就不会如此优越了。我赢得了遗传基因上的彩票奖。这对没有赢得这个彩票奖的人来说，是不公平的，我有责任去“消除一点这个不平等”。

当人们变得更加有权有势时，会普遍发生一个情况：这些人失去了他们的同情心。这样的情况发生后，会产生两种不好的局面：第一，这些人不再如此关爱那些不幸运的人们。想想有多少捐款去了博物馆和歌剧院，这些钱本来可以去消除疾病、贫困、家暴以及环境保护等方面的问题。第二，当这些有权势的人放弃了去帮助他人的时候，他们所提出的见解可能只是纸上谈兵，实际操作起来并没有效用。

义工对我来说，可以达到三个目的：第一，它使我给社会提供微小的帮助；第二，它使我养成习惯，帮助我今后如果成功了也不至于“失落同情心”；第三，它使我不脱离那些至关重要的事情，在日常生活中始终脚踏实地，注重改变社会，而不是考虑那些看起来很有意思但实际上只会产生麻烦的空洞思想。

老　爸：

你13岁时，就在我的建议下读了史蒂芬·柯维的《高效人士的七个习惯》。你那次非常主动地听从了我的建议，这在我的印象中是很少发生的。我知道你对这本书的印象非常深刻，因为你听从了柯维在书里提出的建议，写下了你生活的使命宣言。你当时写的使命宣言的文字版本，我现在还保存着。你在使命宣言的最后引用了特蕾莎修女的一段名言：“让任何与你见过面的人在离开你的时候变得更好更高兴。”你现在对人生的使命有什么想法？

沈　岳：

特蕾莎修女的这段名言是很不错，但这是她的思想，不是我的。我尽量不把任何特定的一个人物作为一个英雄或一个完美的例子，因为很明显每个人都有缺点，其中包括特蕾莎修女。她因为自己的宗教信仰而反对堕胎，这是我所不能认同的。

我最近看了美国著名励志演说家托尼·罗宾斯的视频和他谈论试图找到你的人生目标。罗宾斯的观点是，如果你能定义什么对你的人生最重要，是你一直孜孜以求的东西，即使最后不能达到你所期望的目标，但只要你在朝着所确定的目标前进，那你就是做得不错了。因此，从这个意义上来说，朝着一个确定的方向前进，或者尽力完成既定的目标，这就类似于一个使命宣言，只是我们换了一种方式来思考它。

所以，我决定尝试一下这种思维方式，朝着以下四个目标努力：第一，力量支柱；第二，点燃火花；第三，革故鼎新；第四，引领方向。

第一个目标：我想成为一种力量支持我的朋友、我的家庭、我的社区，这种力量既是物质的，也是情感、精神和道德上的。如果有必要，甚至还是资金上的。

第二个目标：我喜欢与别人合作。在合作的过程中，我可以帮助他们找到自己的优势，探寻出对他们有利的机会，并帮助他们开创自己的公司或者建立自信。这就是我所说的“火花”。也就是说，我能够让他人对自己的生活、对自己的项目及对他们自身充满热情。

第三个目标：是关于创造革新、开发产品的。无论是软件开发、编辑图书、提供咨询或产品，还是一种体验，我想帮助他人在他们的生活中创造出新的可能性。这种可能性可以是具有新的功能和作用的新技术，也可以是在心理上帮助他们找到人生的新方向、新的思维方式，使他们能够自行开发新技能，与他人建立新的沟通。

第四个目标：这也是我行为的灵魂，我要实践自己的理念。我要堂堂正正地做人，要有胆有识地做人，要关怀照顾他人，要知难而进，要做正确的事情，要成为大家的榜样。

经常有人对我说：你对自己的人生道路和人生使命想得很多。是的，从年龄很小的时候，我就开始考虑人生的使命这个问题。我有时不禁觉得有点奇怪，许多人对自己的人生道路，以及要在这个世界上留下什么遗产并没有多少考虑。我想这对每个人来说，都是一件重要的事情，虽然我还不完全知道如何在这方面帮助更多的人。

3 人生成长不仅只为“终点”

既然婴儿是人，我们就应该时刻把他们当作人来看待，在这样一个纷繁复杂的人类社会，我们必须关注他们如何以一种英雄般的勇气来实现对生命的渴望。

——［意］玛利亚·蒙台梭利

人生没有保险单

多年前，我受邀到一个华人社区的教育机构做家庭教育讲座。

主持人的一段开场白，我现在还记忆犹新："今天的家庭教育讲座，非常荣幸地邀请到我们社区一对教子有方的父母，同时也邀请到了麻州教育部的教育专家来谈论家庭教育的理念。如果家长能够从交流中受益，我们的孩子也就能读好书，取得好成绩，考取一所著名的常青藤大学，就等于给我们的孩子买了一份人寿保险单。"

之后，那对父母满脸光彩地介绍了他们自己的孩子。这个孩子从小就爱读书，成绩始终名列前茅，在高中时参加各种学术竞赛队，比赛屡屡得奖。他在理工科方面尤其出类拔萃，最后考取了本地一所最知名的常青藤大学的电脑专业。

轮到我发言时，我的第一句话就是："看来你们今天的讲座找错人了。因为人生从来就没有保险单，在美国这样的社会里更是如此。"虽然我的开场白带有幽默成分，并博得了一些笑声，但是我已经意识到这不是一个容易进行家教"布道"的场所了。

十多年后我得知，那名学子大学毕业后参加工作，刚开始一切都比较顺利，但是几年之后受到美国经济萧条的冲击失业了，再就业时遇到了困难。同时，他的个人感情生活也遇到挫折，多年的女友离开了他。不久，他就黯然离开工作数年的城市回到了父母身边。前不久，我在一个社交场合遇到他时，他的精神面貌看起来令人担忧。

尽管许多学子在小学和中学阶段成绩很优秀，有的还被誉为"学霸"和"学神"，但是有一些到了大学之后就失去了耀眼的光环，极少数优秀学子甚至非正常地离开了这个世界。这是所有对孩子寄予巨大希望，并为此付出极大代价的父母一生最大的噩梦！

考取一所名牌大学，就是获得一份人生保险单。这个比喻形象生动，但是它所蕴含的价值观到底是什么呢？是否就是我们传统思维里的那种只要你金榜题名，就可以从此仕途畅通，无忧无虑地尽享人生呢？

钥匙板的故事

20 世纪 80 年代末期，哈佛大学哈瓦德 · 加德纳教授，著名的多元智力理论（Multiple Intelligence Theory）的倡导者，就以《开启头脑》（*To Open Minds*）一书记述并讨论了他几年前在中国考察儿童艺术教育的经历。他在书的第一个章节向读者讲述了他在中国考察儿童教育的一段有趣的经历。

加德纳教授和他的妻子及一岁半的儿子本杰明在中国考察教育时，曾在南京市金陵饭店居住了一个月。当时这个旅馆要求每位旅客在每天离开旅馆之前把钥匙交给服务员，或者通过墙上的洞口直接放到一个钥匙存放箱里。由于这个钥匙上连着一块塑料板，而这个洞口是扁长方形的，因此，钥匙板一定要顺着长方形的洞口才能放进去。加德纳教授的儿子这时刚学会走路，每天在他们要离开饭店时总是喜欢拿着这把房间钥匙玩耍，并边走边摇晃着钥匙上的塑料板，发出噼啪的声响。有时本杰明也会学着大人的样子试图把钥匙放进墙上的接收洞里。但是由于本杰明年龄小，动作尚不协调，他很少有机会能够直接把钥匙放进窗口里。但是不管本杰明是否能够把钥匙放进洞里，他每次总是兴致勃勃地边走边摇晃着钥匙塑料板。他的快乐情绪一点也不会因为钥匙板能否放进洞里而受到影响。

在饭店住了一段时间后，加德纳教授就注意到一个有趣的现象。每当本杰明拿着钥匙板放进墙洞里时，饭店的服务员（往往是女性）看到总喜欢手把手地帮助本杰把钥匙放进洞里。她们在“教”完本杰明之后，往往还要向加德纳教授夫妇俩投去一瞥，似乎是希望得到他们的赞许，同时好像也在责备他们：你们为什么不关心本杰明的“学习”过程呢？

然而，作为本杰明的家长，加德纳教授和他的妻子也在帮助他学习。他们认为对一岁多的本杰明来说，是否能够把钥匙放进洞里，并不是本杰明的学习目的。本杰明拿着钥匙板晃动着，发出了声响，同时也在无意识地模仿大人，试图把钥匙板放进洞里。他并不知道大人为什么这样做，他这样做也只是一种乐趣。这种快乐自主的学习过程对本杰明来说要比把钥匙板准确地放进洞里更有学习意义。而且更为重要的是，本杰明正在通过“自己动手”的学习方法来享受这个自我控制的学习过程和其中的乐趣，同时他也从中获得了与年龄相适应的知识和技能，培养了解决问题的能力。

本杰明的“钥匙故事”就成了加德纳教授《开启头脑》一书中贯穿首尾的形象主题。通过这个钥匙故事，加德纳教授比较直观地分析了中美教育思想及观念上的差异。以后与中国教育界同行交流时，加德纳教授发现他们大多数人和旅馆的服务员持有相同的态度：既然成年人（即教师）知道手把手地帮助本杰明把钥匙如何放进窗口里（即教学过程）是最有效的方法，那么为什么还要让本杰明去“慢吞吞”地学习呢？另外，这种“手把手”的教学使得学生很快地掌握了这个技能，那学生不是可以更快地学习更多的知识和技能吗？

加德纳教授则认为，这种着重培养孩子们学习上的自主和探索精神，才是美国人文主义教育思想的一个关键部分。也正是从这个观点出发，加德纳教授和他的妻子并没有对他们孩子的学习过程放任自流，他们所做的就是要保证本杰明有一个安全、有助于他学习和提高技能的学习环境。同时，这个学习环境也有一定的难度和必不可少的乐趣。他们认为本杰明拿着钥匙板玩耍本身就是一个最佳的学习方法。因此，他们完全不赞成成年人在这样一个学习过程中去“干预”本杰明“自己动手”的学习过程。

应该说，在20世纪90年代初期读到《开启头脑》一书时，我从理论上感到新奇，但并没有深刻理解。后来，我有机会回到国内与教育界的同行交流美国教育理论与实践，用这个生动而形象的例子来说明中美教育观念和实践上的巨大差异：中国传统的教学方法是以“教”为主，以“教”促“学”，以“教”督“学”；美国主流的教学方法是以“学”为主，“教”以助“学”，“教”以导“学”。

培育英雄情结

我原来准备给沈岳取的名字是普通的“健”字，希望他健健康康、太太平平地过日子，这多少也反映了我当时对生活的最低追求。往高处想，即希望沈岳做一个强健的男子汉。

我的岳父说沈岳出生在虎年，老虎山中称大王，虎踞龙盘岳生辉，因此应该取名为“岳”，寓意气势雄伟的山麓。同时，岳飞是中国传统文化中的一个救国英雄，因此我们就把沈岳的大名定为“岳”。写到这里，在国内网络上一检索，有近百人的名字叫沈岳。看来真是“英雄所见略同”。

沈岳出生时，我是苏州大学的一名青年教师，学校有一名来自加拿大的外籍教师，她给我们上圣经故事课，以提高我们对英语及西方文学知识的理解和欣赏能力。这位外籍教师待人非常热情友善，我们青年教师都喜欢与她交往。有一次，我们请她到家中来吃晚饭。她看到活泼好动的沈岳，非常喜欢，抱着爱不释手。我们就请她给沈岳起一个英文名字。不久后，她告诉我们“Jason”（中文可译为“伊阿宋”或“贾森”）是一个很不错的名字。她说在古希腊的传说故事里，Jason 是一个很有名的英雄豪杰，其父是国王，但是后来被他的兄弟篡了位。Jason 带领其他的英雄好汉出海，并历经千难万险夺回了金羊毛，夺回了属于他父亲的王位。

就这样，沈岳在出生后不久就被冠以中英文两个英雄豪杰的名字。

人类从远古开始就是崇拜英雄的，华人世界对英雄的崇拜恐怕也是有过之而无不及。但是东西方文化对英雄的理解是有所不同的。岳飞身上体现出的是一种舍身忘己、忍辱负重、精忠报国的精神，并以此成为中华民族历史上的英雄。而 Jason 为了夺回被他人谋篡的父亲的王位而发起了抢夺金羊毛的艰难壮举，最后夺回王位，并以此而英名传世。

沈岳从刚懂事时就有机会与荧屏上的“英雄”相识，先是中国儿童节目《黑猫警长》里的主人公——见义勇为的黑猫警长，后有美国儿童电视节目《太空超人》中的主人公——身材魁梧、力量无穷的希曼。刚到美国的一段时间，外出走路只要一看见地上有树枝，沈岳一定要捡起来，高举过头，并大声呼叫：我是希曼。那情景我到现在还是历历在目。

沈岳第一次比较认真谈论的英雄是一个体操英雄，当时他还是一个六年级的学生。班级老师布置了一篇读书报告。沈岳读的是美国 20 世纪 80 年代的体操明星巴特·康纳和他的教练共同撰写的自传:《赢得金牌》(*Winning the Gold*)。

康纳的自传让沈岳极其入迷，他的读书报告写得非常认真，并专门设计了一个封面，装订成一本书的样子。沈岳在封面上画了一个康纳在吊环上双臂水平张开伸直的十字动作，同时醒目地画出了手臂突然骨折的形象。毫无疑问，由于自己在体操训练中的受伤经历，沈岳对康纳的这次重大骨折事故是感同身受的。

康纳在 10 岁左右开始比较系统地练习体操。他的体操天赋极高，因此体操技能的提升速度也是惊人的。1976 年康纳 18 岁，成为美国奥运体操队最年轻的成员。1983 年 12 月，他在吊环上训练时突然听到自己左臂二头肌撕裂的声音，只得提出停止训练，并进行治疗和康复练习。1984 年是奥运年，康纳的恢复训练时间非常紧凑。由于受伤停止训练了几个月，他在重新返回训练场时，除了练习过去已经掌握的动作，还要学习新动作。在当年的全美奥运体操队选拔赛中，康纳表现出色，最终获得了第六名，并进入国家男子奥运体操队。

1984 年奥运会上，美国国家体操队历史上第一次获得了团体冠军。康纳在双杠上得到 10 分获得了个人冠军，由此成为美国奥运体操比赛史上的第一个获得双杠冠军金牌的人。因为成绩突出，康纳成为美国男子体操队在 20 世纪 80 年代重新崛起时的英雄人物。

下面是沈岳在读书报告中对老师规定的每个学生必答问题的回答：

你从这本书里学到了什么？

年轻的康纳肌肉受到了严重的损伤，但是他仍然获得了金牌，我们每个人都有可能经历这些困难和挑战，但是不能让这些挫折影响我们努力实现目标的过程。

你看完书之后有什么样的改变？

我的改变是：尽管我们每个人都会经历许多挫折和失败，但仍然可以通过努力工作来达到我们既定的目标。这个认识对我今后的生活会有帮助。

我想这可能就是为什么人们常说榜样（英雄）的力量是无穷的。多年之后，沈岳在左腿的四条肌腱全部撕裂损伤之后，能够顽强地重返体操赛场，肯定少不了康纳对他的正面影响。

人生宗旨

20 世纪 90 年代后期，我在一家书店浏览时，无意间看到了《成功人士的七个习惯》这本书。一般而言，我并不十分欣赏美国那些重商业推销技巧的励志书籍。还有一些所谓的“行为科学”类书籍，实际上就是把一些心理学的理论和成功人士的言论结合，教人如何提升自己的形象，维护社交关系，有效地推销商业产品，由此获得个人或企业的成功。

史蒂芬・柯维的《成功人士的七个习惯》却引起了我的注意。这本书摒弃了市场上流行的从改变个性入手，以适应周边环境的做法。它从人的品格入手，强调整体发展，强调做人要有原则。每个人首先要自主发展，坚守人生的基本原则，获得个人的成功，再与他人和社会合作，共同努力，追求整体的成功。同时按照这些人生习惯，发挥出最大的个人影响力。

史蒂芬・柯维是美国犹他州立大学商学院的一名教授，因此书获得了巨大的声誉，被广泛地认为是影响人类思想和行为的作家，入选“20 世纪影响美国历史进程的 25 位人物”，并被《时代周刊》评为“人类潜能的导师”。

书中所列出的七个习惯是：积极主动求进取（be proactive），目的在心不偏航（begin with end in mind），首要的事该先做（put first thing first），双赢结果记在心（think win-win），合作共事效益高（synergize），要人知己先知彼（seek first to understand and then to be understood），不断更新求上进（shapen the saw）。

沈岳平时很喜欢看书，题材范围也比较广泛。我看到他有段时间很关注有关青少年社交能力培养的书籍，就顺便给他推荐了这本书。

这或许是我给沈岳的所有建议里执行得最有效、产生影响最深远的一个。

在第二个习惯“目的在心不偏航”中，柯维谈到许多人按照他人或父母所写的人生剧本生活，这些人从来没有考虑过他们的生活目的到底是为什么。他强调如果我们只是生活在他人撰写好的人生剧本里，就不可能创造出一个真正有意义的生活，也不是我们应该追求的生活。

因此他在书中极力建议，读者应给自己制订一个人生宗旨宣言（mission statement）。他要求每个读者设想一下在你的追悼会上，你的家人、子女、朋友、同事会说些什么？你希望他们说些什么？这是一个非常震撼人心的心理实验。显然，这本书对沈岳的影响很大。不久，我就在他的书桌上看到了他自己撰写的人生宗旨宣言。我认为对一个六年级的男孩来说，这是一个很有思想境界的人生宗旨宣言，内容如下（括号内是沈岳的英文原文，着重和放大字体是他自己加的，引言人括号内的身份是我加上去的）。

我的人生宗旨

真实地对待自己和他人。

（Be **True** to myself and others.）

“只要你活着，你就要说真话，让魔鬼无地自容。”——莎士比亚（英国剧作家）

（While you live，tell truth and shame the Devil！—Shakespeare）

在精神上、身体上和情感上**成为强者**。

（**Grow Stronger** mentally，physically，and emotionally.）

“我是巨龙的兄弟，雄鹰的伙伴。”——《圣经·约伯记》

（I am brother to the dragons，and a companion to the owls. —Bible-Job）

尊重自己和他人。

（**Respect** myself and others.）

“最重要的事情是你要认识到尊重高于一切。”——超级男孩（美国1990年代流行男子乐队）

（All that matters is that your recognize that it’s just about respect. —NSYNC）

全力去**学习／领导**。

（**Learn/Teach**—all that I can.）

“学习和领导两者不可分割。”——肯尼迪（美国第 35 任总统）

（Learning and leadership are dispensable to each other. —JFK）

激励自己和他人成就大业。

（**Inspire** myself and others to achieve great things.）

“天才是百分之一的灵感加百分之九十九的辛劳。”——爱迪生（美国伟大发明家）

（Genius is one percent inspiration and ninety–nine percent perspiration. —Thomas Alva Edison）

对我的所作所为**承担负责**。

（**Take Responsibility** for my actions.）

“我们造就了自己，这就是事实。”——萨特（法国当代哲学家）

（We are responsible for what we are, that is the fact. —Jean–Paul Sartre）

创造／享受世界所有的美丽。

（**Create/Enjoy** all the Beauty in the world.）

“美丽是上帝的礼物。”——亚里士多德（古希腊哲学家）

（Beauty is the gift of God. —Aristotle）

但是最重要的是……

（And above all things....）

“让任何与你见过面的人在离开你的时候变得更好更高兴。”——特蕾莎修女（罗马天主教修女）

（Let no one ever come to you without leaving better and happier.—Mother Teresa）

当读到这个人生宣言时，我被宣言中所表达的自由、自信和自强的意念深深地打动了。这是一个初出茅庐的男孩子向世界发出的诚挚而又执着的呐喊：我要做一个有自我意识的、关怀社会的人。

男孩子都应该有自己的英雄，特别是那些意志顽强、信念坚定、勇于拼搏、敢于行动的人。当然最使我感到震撼的是，沈岳当时的人生最高目标是帮助他人，并以帮助他人为乐。愿意帮助他人的人，其心理必定是充实的，是充满自信的。

因为这个社会永远有需要帮助的成员，也永远需要乐于助人的成员。

“奋斗就是我的生活”

20世纪下半叶，一位世纪性的英雄人物横空出世。他就是一生真心实意在帮助他的人民的英雄——南非共和国第一位黑人总统纳尔逊·曼德拉。

沈岳9年级的时候，学校要求每个学生在美国黑人民权运动领袖马丁·路德·金诞辰纪念日来临之际，写一篇以他为榜样的励志论文。沈岳在写作前曾与我探讨过论文的主题，我建议他可以看看南非前总统曼德拉在1995年出版的自传《漫漫自由路》(*Long Walk to Freedom*)。我对沈岳说，从我所知的有关曼德拉总统一生的所作所为来看，他应该是20世纪人类社会中当之无愧的最伟大的英雄。

尽管这本自传长达600多页，沈岳还是在紧张的学习、训练和比赛之余读完了它，并写出了下面这篇读书报告。

曼德拉：奉献和成功

囚犯哆哆嗦嗦地站在那里，他努力想使那辆装满砂石的独轮车保持平衡。他慢慢地向前挪动，监狱的看守在一旁逗趣地看着他，但是他下决心不让那些监狱的看守有任何理由来嘲笑他。这时从边上走过来一个人，他手把手地帮助这个狱友保持这辆独轮车的平衡，这样独轮车就比较容易地行驶了。看守看到这个囚犯现在推小车时有自信了，不禁皱起眉头。那个帮助他的人却高兴地在一旁看着。这个人就是纳尔逊·曼德拉。他的一生都在帮助他人。

1899年，南非发生了布尔战争。布尔人是当时定居在南非的荷兰人，而当时英国人想把南非的土地占为自己的殖民地。英国人赢得了这场战争。1910年，英国人建立了一个只有白人才有选举权的种族隔离的“南非联邦"。这片土地真正的主人却被剥夺了选举的权利，只因他们是黑人。许多人为了改变种族歧视制度而终身奋斗。纳尔逊·曼德拉就是其中最有影响、贡献最大的人物之一。

作为民权运动的积极分子，曼德拉从20世纪40年代开始就参与了南非的政治活动。他为所有南非人民可以享有公民权和选民代表权而努力奋斗。不服从、不合作的民众运动是他的主要政治武器。曼德拉组织了演讲活动，鼓励大量的社会民众反抗种族歧视的法律。他也以律师的身份在法庭上代表那些没有选举权的黑人。他和马丁·路德·金一样，经常被逮捕入狱。1960年，曼德拉所在的南非非洲人国民大会（African National Congress，ANC）被当局宣布为非法组织。曼德拉离开南非训练学习各种政治破坏活动，甚至采取了最极端的手段——使用游击战争手段与南非政府抗争。曼德拉在自己的自传《漫漫自由路》中说："耶稣在没有其他办法时，也会用暴力把债权人从殿堂里驱赶出去。耶稣不是一个想要采取暴力行为的人，但是如果他没有其他选择，就只能用暴力来与邪恶抗争。"当曼德拉回到南非时，他被当局控告为叛国罪，处以终身监禁。

曼德拉在南非沿海的一个小岛中的高度严密设防的单身牢房里度过了27年。这27年，是他为了人民的事业所做出的牺牲。他的大部分孩子的成长过程中是没有父亲的。他甚至不能离开监狱去参加母亲的葬礼。大部分被囚禁在单身牢房里的人会变得精神失常，但是曼德拉却在努力工作。在监狱里，曼德拉仍然是一个领袖，组织监狱里的囚犯消极怠工，绝食罢工，关注着外部世界的政治新闻。

……

在其他民间和政治组织领导人的支持下，曼德拉建立了真相和自白委员会来清洗南非过去的种族歧视制度及其保护人。他甚至吸收了前南非种族歧视政府总统德·克勒克作为新成立的南非联合政府的副总统。1993年，他和德·克勒克共同获得了诺贝尔和平奖。同年，南非还见证了历史上第一次多种族平等参加的一人一票的选举。选举之后，曼德拉当选为南非的总统。

在人类历史上，有许多像马丁·路德·金这样的英雄，他们的勇气、成就，以及敢于面对任何艰难困境的坚强意志，受到人们的景仰。曼德拉也是这样的人。他以其决心、原则、谦逊、激情，终止了南非黑人所遭受了一个世纪的压迫。曼德拉使我看到了真正的爱的内涵是对人民大众的爱。同时，我也看到了他为此所做的牺牲：做了近30年的政治囚犯。

在监狱度过了10000多天之后，他终于是一个自由人了。面对着欢呼的人群，他慢慢地举起他那紧握着的拳头，尖叫着的大众开始爆发出欢呼声。他声调平和地对欢呼的人群说："我今天不是作为一个先知者站在你们面前，而是作为你们——人民的谦恭的仆人。是你们英勇的牺牲，我才有可能站在这里。我把我的余生放在你们的手里。"那一天，曼德拉已经71岁了。八年过去了，他仍然保持着在监狱里养成的习惯，每天五点半起床，然后开始工作，仍然在以一切可能的方式帮助他的人民，他的国家，他的世界。

正如曼德拉自己所说，"奋斗就是我的生活"（Struggle is my life）。

我非常高兴沈岳能够写出这样的论文来表达他发自内心的对曼德拉的景仰之情。同时，我也相信沈岳开始对"奋斗"有了比较深刻、理性的认识。当然对沈岳来说，他还要再等待几年才会逐渐明白"奋斗"这两个字眼中所包含的极其深刻的道理。

《亚裔青少年人生指南》

沈岳上大学之后，经过筹备，我正式在牛顿中文学校为家长开设“成功的家庭教育课”。我尽量以自己的家教实践作为案例与有兴趣的家长交流，共同商讨家庭教育中困扰我们的一些困难和挑战。有时候，我会向沈岳请教，希望通过他的视角来看待家长提出的一些新问题。我也经常利用沈岳回家过节的机会，邀请他直接与家长见面交流，因此他就成了我家庭教育班的兼职教师。

沈岳平时与华裔家长们的交谈总是真诚和友好的，但有时也会直言不讳地提出一些建议。有一次，一位家长问沈岳：“看起来你与父亲的交流很融洽，你觉得我们应该如何和孩子讲话？”沈岳微笑地说：“我觉得你们不应该对他（们）说话（talk to them），而是与他（们）交谈（talk with them）。”在座的家长当时都会心地笑了。毫无疑问，“对他（们）说话”和“与他（们）交谈”有着本质上的区别。

同时，沈岳也总是不失时机地提醒华裔家长，一定要在生活中增添乐趣，这样在与自己的孩子交流时才会有更多的愉悦之情。“如果家长自己在生活中毫无乐趣，整天愁眉苦脸，那么你们怎么能够指望自己的孩子来听从你们的‘教诲’，以你们为榜样呢？没有乐趣的家教就像乏味的课堂，你不可能指望大家会对你的教学感兴趣。”

大学三年级开学之前的暑假，沈岳在自己的博客网站上发表了一封致亚裔青少年的公开信——《亚裔青少年人生指南》。我看了之后非常欣赏，忍不住问他是什么动力促使他写这封信的？他说这既是写给自己的亚裔朋友的，同时也算是回答了家庭教育班家长经常提及的问题。

我觉得这篇文章写得好极了，用轻松幽默的文字表达了一些值得我们所有读者思考的人生理念。文章内容如下。

《亚裔青少年人生指南》

你们好，我的名字叫沈岳。

当我只有13岁的时候我读了斯蒂芬·柯维的《成功人士的七个习惯》一书，这本书永远改变了我对人生的看法。

我认识到我们通常能够改变自己的方式和习惯——但你要不抱偏见，愿意思考、学习和尝试。

现在我把我八年来“努力学习”创造一个美好生活的心得与你们分享。这个结果并不是完美的，我个人也有需要改进的地方。但是这是一个开端。

如果你读到我的某些感想后获得了启发，那就把它们付诸实践！

这些文字本身是没有任何价值的，它们只有在使用中才能产生意义。

你们的父母亲可能也要你们阅读有关的文章，这样你们就会更“懂事”。不要去听他们的话，我站在你们这一边。

关于你自己：

●**你只能经历一次人生**。我们的平均寿命约是78岁。设想一下，假如生活没有可怕的事故，你会有40～50年有质量的生活。你想怎样度过这段时光呢？你为什么不努力设法追求一种更精彩的生活呢？

●**你的任务是追求你所设计的美好生活**。如果你还没有真正认识到这一点，那并没有关系。这里没有正确和错误之分。没有其他人能够代替你做这件事——你的父母亲不能帮助你，你的朋友也不能帮助你，没有任何人可以帮助你。

●**你要首先认识你自己**。你将会有很长的时间自己生活，所以知道你自己是怎样一个人是一个很不错的主意。你喜欢什么？你看重什么？你有哪些特长？你将来想要做什么？

●**你要对你的行为负责**。这意味着如果你做错了事或是伤害了人，你就要道歉。你对发生在你自己身上的事不要怨天尤人。你对你的行为负有全部责任。对往事抱怨只是浪费时间，你要考虑下一步该如何行动。

关于你的家庭：

●**你要理解你的家庭文化**。你的父母成长于不同的时间和地方，他们总是要敬重和服从他们的父辈。全优的成绩是他们获得一个良好未来的唯一途径。他们每一个人都深知“吃得苦中苦，方为人上人”。如果你成长于你父辈的生活环境，你的行为举止也会是如此。

●**你生活在两个世界之间**。你来自亚裔家庭，但是又生活在文化观念迥然不同的美国社会，你永远不可能和你的美国朋友一模一样。然而，你为什么要完全变成一个美国人呢？作为一个亚洲人，你是值得骄傲的。但是，你必须适应美国的文化后，才能取得成功。

●**你要和家庭成员相亲相爱**。你要知道你的家人是爱你的，同时在心灵深处你也是爱他们的。家人是世界上极少数的永远关爱你的人。这并不意味着你和家人之间永远没有异议。你的家庭能够在许多方面给你很好的建议，但是他们不可能是面面俱到的。

关于你的将来：

●**不要把所有的事情都计划好**。不要让任何人把你的一生都计划好，或者让你投入你所犹豫不决的事情中去。生活从来就不是按部就班进行的。每一个人都在生活中摸索出自己的道路——那些说自己不是这样生活的人，要么是说谎，要么是无知。

●**拥抱变化**。在21世纪的社会里，人们一生中平均要经历六次职业变动。产品、技能以及知识的寿命都在缩短，它们很快就被更新换代。每一件事情变化的速度都加快了，你也要与时俱进——包括你的态度、你的技能和你的知识。

●**尝试找到你的激情**。尝试各种事情来找到几件（不只是一件）你酷爱的事情，然后认真、努力地去做好这几件事情，吊儿郎当地做事没有任何意思。当你对某项工作充满激情的时候，你就会全力以赴地去做，你就会自己自己去学习，就会和朋友谈论此事，愿意下功夫全力做好这件事。

●**评估市场价值**。探索你的激情是否会引导你去掌握某项技能，并由此而成为一个得到市场回报的人。如果决定要做一件事情，那你就一定要做好，否则就不会得到良好的报酬。如果这种“很好”的技能是因人而异来评定的，那你就需要在职业上有第二手准备。

●**不要惧怕失败**。没有什么失败是终极的。只要你不做违法和危险的事情，你就永远可以重整旗鼓。你要比你自己所想象的更加坚韧不拔。

●**不要惧怕成功**。有时我们因为害怕成功而自愿放弃。你一定不要这样做。应该去体验成功。

关于必要的技能：

●**学会如何学习**。从现在的社会发展情况来看，你一生都需要天天学习。你要享受学习，并提高你的学习技能。

●**学会如何交友**。学会如何和陌生人打交道。学会如何与他人交谈，如何使人发笑，如何吸引他人。

●**学会寻找资源**。这些资源包括知识资源、物质资源，特别是人力资源。人力资源对亚裔人来说极其重要——找到一个能够帮助你的良师是至关重要的。建立一个着眼于将来发展的社交网络也是非常关键的。你的工作受限于你的资源。你的资源越丰富，你的用武之地也就越大。

●**学会如何使用和照顾好你的身体**。身体是你一生中不可分割的部分。身体既能帮助你，也能使你停滞不前。学好一门体育技能，或者至少保持活跃的生活状态。注意饮食质量，保持充足的睡眠。这些都是值得你关注的事情。你会因此而感觉更好。

●**学会如何有效地管理**。除非你成为一个与世隔绝的人，否则杂乱无章的生活会使你发疯的。有许多事情等待着你去做，同时大家又期望着你去做好这些事情。我并不是说你一定要成为一个整洁成癖的人，但是必须要有一套切实可行的方法来帮助自己有条不紊地工作和生活。

●**掌握了这五项技能你就可以扬帆启航了**。当你掌握了这些技能后，你就可能在各种情况下从容地应对了。一般而言，你需要了解你的环境，然后找到最佳对策，下面就是付诸行动。

最后的想法：

你是非常幸运的。你比世界上绝大部分人要富有、健康、幸运。与曾经在这个世界生活过的人相比，你的物质生活要超过他们之中的99.9％的人。古代的皇帝不可能驾驶汽车，查看和发送脸书邮件，在抽水马桶上读书看报。事实上，他们根本就没有抽水马桶。穷人生活更是物质贫乏。但是你一定不要被当今的物质生活宠坏了。

运气在每一个人的生活中都是举足轻重的。你对所获得的成功要保持谦逊的态度，但也不要对自己的失败过分沮丧。你只是要竭尽全力做好你的工作——这也是每一个人对你所怀有的期望。

与人为善。在这个世界上，每一个人、每一个有生命的东西都是互相联系的。这并不是什么神灵方面的说教，也不是什么骗人的鬼话。你要努力避免任何伤害于他人的行为，只要有可能，你就要尽量帮助他人。

生活在每时每刻之中。生活就在你每一天的时时刻刻之中。回顾过去和展望将来是完全必要的，但是你的生活就是在眼下分分秒秒之中度过的。

人生成长的核心价值观

一晃20多年过去了，沈岳已经长大成人，并开启了自己的人生道路。虽然沈岳从来没有真正做到一个“安分守己”的“乖孩子”和“好孩子”，但他在学习和成长过程中既保持了丰富的个性，又充满了主动和乐趣。在许多方面，美国的教育可能就如加德纳夫妇所说的那样，给沈岳提供了一个相对宽松，能够自主学习，又不失乐趣的学习环境。应该说，沈岳的学习和成长远远超出我们当时所谓的“好孩子”和“好学生”的期望。最令我们感到欣慰的是，幸亏他没有成为我们所期望的“乖孩子”。如果真是如此，那他的个性就会被扭曲，人生至少不会如此生机盎然了。

回顾孩子的成长过程，这种尊重个性、以人为本的教育环境并不是从天而降的。即使有了最好的理论，要应用于实践，还需要多方面的理解、支持和配合。这其中至少要有家庭、学校和孩子自身三方面的协调。现在许多教育研究调查表明，家庭和家长在孩子的学习和成长过程中起到最关键的作用。其中，最大的挑战是：家长如何评估自己孩子的学习和成长，如何确定家庭教育的理念，如何与学校、社区互动来共同维护孩子心智的整体健康成长。

应该说，沈岳富有个性的、健康的成长，是与以学生学习为主的人性化的教育理念和环境分不开的。

在《开启头脑》一书中，加德纳教授提到，当他和中国的教育工作者交流一个最常提到的问题，即如何比较中美两国的教育思想和实践时，他总是用如下的这一段评说来阐述自己的观点：

在中国，教育被认为是一种竞赛。学生参加这个竞赛的时间应该是越早越好，同时要在这个大家都公认的，也是可以参与的跑道上跑得越快越好。教育体系的成功取决于有多少学生尽快地达到了终点线。在美国，我们也认识到教育是一项赛事，但是我们觉得学生应该有机会漫游徘徊在跑道上，甚至到最后并不是所有人都会到达终点。正因为这些学生有机会在跑道上东游西荡，有些参与者到达终点时可以奉献出更多的东西。

在书里，加德纳教授并没有进一步探讨这个所谓的教育竞赛的“终点”。实际上，每一个人人生旅途的终点不可能也不应该是一样的。时代变化了，个性是不同的，学习的过程和环境也都不可能是相同的。为什么我们这些成年人就一定要让自己的孩子在一条跑道上奔向同一个终点呢？所有人的人生终点是否都是千篇一律、一成不变的呢？

许多孩子长大了，可能很适应做程序化的工作（把钥匙板放在规定的地方）。对这些孩子来说，他们放置钥匙板的技能越强，越有可能得到基本的“人生保险单”，同时也可能比较安全地跑到“终点”。这些孩子可能更在乎自己的安全旅程，而不在乎给他人讲述什么精彩的故事。不可否认，这样的学生至少在目前来看还是学校教育的主流。对许多“优秀”的学生而言，可能跑进藤校就是他们的既定目标，当然也更可能是他们父母的既定目标。

然而，我们还应该看到，还有不少孩子根本就没有机会和环境来发展他们自己的特长和优势。他们只好别无选择地与其他人一样在人生道路上奋力奔跑，一生之中都在竭尽全力奔跑，并在担惊受怕的心理压力下赶赴“终点”。遗憾的是，许多孩子因为种种原因从一开始就没有得到一个比较公平的“赛跑”环境，甚至只能赤脚在崎岖的道路上与同龄人赛跑。这样的孩子即使最后勉强跑到了终点，也根本不可能有任何美好的故事与家人和社会分享。如果这种极不公正的“赛跑”环境不消除，讨论个性化的人文教育只能是一种高雅的清谈。

沈岳是那些不善于或者根本也不愿意“把钥匙板放在规定的地方”的孩子。比较幸运的是，他有机会在一个比较尊重个性的教育环境里成长。这样的教育环境或许不能非常有效地培养那些很愿意“按规矩放钥匙板”的孩子。然而，也正是这样的教育环境，给那些不在乎“按规矩放钥匙板”的儿童，提供了更宽容、更富有乐趣的学习和成长氛围。

儿童心理学家不断地告诫我们，所有的孩子天生就具备了努力学习和成长的强烈意愿，这种意愿是任何力量都无法阻挡的。根据以上结论，如果每个孩子并不是因为成年人的任何“推动”和“督促”学会了说话和走路，那么我们是否也可以把同样的儿童成长观念落实到教育上呢？我们的孩子都是天生要学习的，我们的任务就是帮助提供一个良好的学习环境，“时刻把他们当作人来看待……关注他们如何以一种英雄般的勇气来实现对生活的渴望”。

在一个尊重人性、尊重个性、尊重儿童的社会里，每一个孩子的成长应该由他们自己来主宰，因为这是他们自己的人生，是他们自己要走的道路。只要他们有知识、有技能，热爱生活，同时富有积极健康的人生观，我们完全有理由相信他们会找到自己的人生道路，满怀激情地创造属于自己的生活，并且在创造自己生活的同时享受生活，并为他们所创造的新社会做出自己的贡献。

或许正是这些孩子，长大之后给他们自己和社会设计出了更加美好的道路。他们或许不会，也不想跑向我们这些成年人所期望的终点。但是，正如蒙台梭利所期望的那样：这些充满激情、健康成长的孩子长大之后，会发挥出我们无法想象的潜能，使我们的世界变得更加丰富多彩，使我们的社会发生积极的变化，并引导我们进入美好的未来。

“爸爸的十二条人生教训”
——父亲节的礼物

如果儿童爱的潜能得到发挥，人类的成果就会无可估量……成年人和儿童必须将他们的力量结合在一起。成年人为了变得伟大就必须谦虚地向儿童学习。

——［意］玛利亚·蒙台梭利

父子交流，情深意长

2009年5月，沈岳在斯坦福大学结束了硕士学位的学习，我代表全家参加了沈岳的硕士毕业典礼。沈岳当时的腿伤还没有完全恢复，他是拄着拐杖去参加这次毕业典礼的。尽管带着伤，他还是沉浸在斯坦福大学男子体操队获得了全美大学生体操冠军的高度兴奋中。我也被他的情绪所感染，那是一次非常值得我怀念的旅行。

六月是我的生日月份，也是美国的父亲节月份。我收到了沈岳通过电子邮件传过来的送给我的父亲节兼生日礼物。

这是用幻灯片软件制作的一本电子书，书名是《从父亲到儿子：我的父亲给我的十二条人生教训》。这本电子书图文并茂、轻松幽默，整体设计得很有职业水平。在每条人生教训的首页，他还找到了一张非常传神并且富有幽默感的图片。对我来说，这本小书读起来妙趣横生。就在一年前沈岳斯坦福大学本科毕业时，我特意为他制作了一本文集。我想这大概也是他对我的回报吧。

如果说我的文集是沈岳成长中的材料收集和汇编，那么这本小书就是他的反省和感悟。从这个意义上说，这是沈岳对他在23年的成长中所感受到的父亲教育的一个总结，也是对我家教工作的一个“工作鉴定”。

下面是沈岳这本书的文字内容，我附上了自己的简评，并把认为最有意义的句子用黑体表现了出来。

父亲节的礼物

沈　岳

前　言

我在成长的过程中给我的母亲带来了许多烦恼和忧虑。她在我的学校学习和体操训练方面都鼓励我向前，我的成功和幸福有许多要归功于我母亲的挚爱和关怀。但是我现在成为一个男人——我的知识兴趣、我的核心价值以及我对人生挑战的应对——主要来自我父亲的智慧和他给我树立的榜样。

我现在觉得，人生中如果时不时能够回顾一下父亲对自己的教育以及了解父亲的生活，会对自己很有好处。当然，大部分人生中的箴言如果放在一起阅读，可能会自相矛盾。我下面提到的人生教训，也不例外。

父亲节快乐！

爸爸的十二条人生教训：

第一，保持健康（Stay healthy）。

第二，不要抱怨（Don’t complain）。

第三，错误是学习的好机会（Mistakes make great lessons）。

第四，反复核查（Double check）。

第五，接受新思想（Be open to new ideas）。

第六，推销真理（Sell the truth）。

第七，尊重传统和权威（Respect tradition and authority）。

第八，知识需要实践（Knowledge needs application）。

第九，找到平衡（Find a balance）。

第十，庆祝你的成功（Celebrate your success）。

第十一，努力就有成效（Hard work works wonders）。

第十二，保持谦逊（Stay humble）。

第一，保持健康

每当我外出，不管是坐飞机到加州或者是到朋友家，爸爸都会说："记住，安全第一！"或许他这样说是因为他知道年轻人死亡的主要因素是偶发事故。或许他这样说只是出于一个更广泛的健康价值观，当你健康时你是根本不会在意死亡的存在的。爸爸知道保持健康不容易，也是非常重要的。你需要通过睡眠、活动和营养来保持身体健康。**如果你没有健康，其他的一切都是一句空话。**

老爸简评：

沈岳把健康放在第一位，绝对是得到了我的家教的"真传"。"健康是人生的本钱"这句话对我来说，有着实实在在的意义。如果在当年"文化大革命"十年插队期间（1968—1978）我没有非常在意自己的身体健康，以及其后几十年的生涯中不重视各种健身锻炼活动，那么我到壮年之后，也就无法充分享受当今社会所提供的优质生活了。

如果说我当年成长时的"健康"概念只是吃饱饭不生病，那么现在的健康观念就是人的身心和人际关系的健康以及人的终身和整体的健康。虽然现在的物质条件丰富，但是许多影响身体健康与安全的有害因素却无处不在。在美国，很少有人死于饥饿，但是许多人死于不健康的生活习惯，包括过量的饮食和过度消费各种有害于身体的物质。

我很欣慰沈岳充分认同这么一条看似简单却被许多年轻人所忽视的健康意识。他这几年通过自己的博客大力推广健身，自己也是持之以恒、身体力行地坚持。他每次回家探亲，哪怕是数九寒冬，也从来不忽视任何一天的健身活动。他用自己所学到的生物知识和体操锻炼的经验给自己设计了最好的健身计划，因此他也多次获得健身方面的荣誉。他还坚持参加了多项户外运动以及旧金山及纽约的马拉松长跑。

正如英谚所言：一颗健全的心灵源自一个健全的体魄。（A sound mind is in a sound body.）

第二，不要抱怨

当我的父亲只有15岁的时候，他被送到了中国的农村去劳动。多年来，他就住在一个草房子里，每天要到稻田里从清晨干到天黑。他在农村干活时，没有放弃自学。许多年之后，他考取了大学，并做了大学教师，最后获得奖学金到美国来读书。他即使在写博士论文的时候，还要做两份工作。这些艰苦的经历，使父亲养成了一种不能容忍别人怨天尤人的态度。我们现在可以上餐馆吃饭，可以洗热水澡，可以睡在舒服的床上。**喜欢抱怨的人极少快乐，也很少会成功**。这也是为什么我爸爸喜欢说：闭上你的嘴巴，不要抱怨生活。

老爸简评：

如果第一条是谈论生理健康，那么这一条则是关注心理健康。

记忆中自己的父亲是一个沉默寡言、全身心投入工作、很少关注家庭的事业型父亲。他是大学的系主任，同时又是教授。他几乎从来没有节假日，周末要么备课，要么就是与同事谈工作。记忆中，父亲与我们兄弟三人的交流也是很有限的。但我的父亲是一个内心坚强的男子汉。在与父亲不多的交谈中，我清楚地记得他曾几次带着一种自豪的神情对我们说：他一生在白天从来没有病倒过，从来没有在床上睡过觉。在我的记忆里，父亲从未对任何事情有唉声叹气的时候。

在十年农村插队期间，当时一同插队的七个知青中有六个在几年内通过各种途径离开了插队的村落，这时我的心里不免产生了一些抱怨的情绪。我记得有一次回家探亲后返乡，父亲特地到车站为我送行。一路上，他和我谈起了他当时因为家里是城市贫民而失学，但是在书店做了几年学徒工之后，再次回到学校继续他的求学之路。他最后的一句话给我留下了深刻的印象：年轻人吃点苦算不了什么，老年吃苦才是真正的苦。（友情提示：有些你对孩子说的话，尽管很有道理，可能也要到数十年之后他们才能体悟出来。）

在我们到美国的最初几年里，我还在读研究生，主要靠我和时辛打零工挣钱维持生计。有时沈岳到他的朋友家回来抱怨说，同学家里有这样那样的玩具，而他一点也没有，这是不公平的。我一听这样的抱怨就会来气，忍不住地教训他："在我们家，什么都是很不错的，我不想听到任何的抱怨。"我总会不自觉地把眼前的生活和当年我在农村插队时的困难环境做比较。现在回想起来，这种"教训"对童年的沈岳来说是不近情理的，也是有点"蛮不讲理"的。但是我记得沈岳到了初中之后就很少有抱怨，到了高中以后就几乎没有任何抱怨。他如有什么问题，都是自己想办法解决。

沈岳在体操训练中受了伤之后，一般是"轻伤不下火线"。在斯坦福大学三年级时，他在体操比赛时经历重大受伤事故，也只是打电话漫不经心地告诉我们，他比赛受了一点小伤，不碍事。回头来看，"我们沈家人是没有抱怨的"是一条相对苛刻、有点不近人情的"家训"。如果有机会弥补自己的"过激言行"，我会对沈岳说："如果有困难，让我们努力想法解决，人生没有过不去的坎。"

第三，错误是学习的好机会

我爸爸最关心的就是学习。他认为学习的一个最好的办法就是从错误中学习。想想你所犯过的那些大错误，你就可能再也不会犯这样的错误了。那时我还是一个高中生，刚拿到驾驶证。那一天，我上学出发得晚了，但仍坚持开车上学。爸爸觉得这不是一个好主意。但是，我坚持要开车上学，他也就不再坚持了。我当时开着车冲出家门，开进了早晨交通繁忙的道路。为了抢占一个空车位，我撞到了前面一辆车的尾部。爸爸从后面的一辆车里走出来，他一直跟着我的车！奇怪的是，我看见他跟着我就对他大声嚷叫，"你为什么要跟着我？"我当时的态度比他看见我撞了他人的车子还要愤怒。爸爸认为我一定要从这件事中学到教训。我学到了两个显而易见的教训：第一，即使你晚了，在开车时一定不要赶着开；第二是宏观上的教训——**犯了错误之后，最重要的就是从中学到教训。**

老爸简评：

我真的很高兴这件事是由沈岳自己坦白“交代”出来的。如果他不提，我可能还要考虑是否要把这件“丑事”抖出来给外人听。这件事是千真万确的，我的记忆也特别深刻。

被撞车的开车人是一位中年妇女，她很通情达理。我要了她的联系信息之后就赶紧上班了。我很理解沈岳这时候处在一个很尴尬的境地。如果他的同学经过这里目睹此事，那他会很丢脸面的。

那位被撞车的女士正好也是牛顿北高中学生的母亲，她对此事的反应很有同理心。她找了几个修车店之后选了一个最低价告诉我们。她提出此事可以不通过保险公司自行解决。如果把此事通报保险公司，沈岳今后的汽车保险费就会上涨。我让沈岳用自己的银行积蓄来支付半数的赔款，我为他提供余下的部分。我带他找到了那位女士的家，并要求他当面对那位女士诚恳道歉。

说实话，人生的不少“事故”或“错误”是难免的。这样的经历似乎有点儿像我们平时打预防针来避免流行病，虽然也会有些反应，但那都是可以控制的。同时这些反应可以帮助我们产生抗体，以避免今后更大的事故和错误。所以，如果孩子犯了一些“低级错误”，或是做了一件“蠢事”，只要后果不是太严重，家长完全没有必要兴师动众、大动干戈来教训孩子。更何况，在我们自己的人生中，我们不也是经常犯错误，做蠢事吗？

反之，如果一个人做事一直没有遇到麻烦，一帆风顺，或许也不是一件好事。不打预防针，没有碰到流行病当然是好事，但是如果以后身体万一真的遇到“病毒”，那就可能反应强烈，甚至有可能“摊上大事”。如此而言，我真的要为沈岳当时的这个轻微的开车事故而庆幸。

第四，反复核查

虽然错误可以成为很好的学习经验，但是有时你仍然必须在第一次就要努力做到正确。这种时候，**如果你能够反复核查，以便不让小错误酿成大事故还是很值得的**。因为我是一个经常仓促行事的人，所以必须加倍努力小心不要让自己心急慌忙的习惯误了大事。当我在写作时，我总是把写好的文字再看一遍以尽量减少其中的错误。当我在打包时，我总是想想是否忘了几样东西。每当第二天早上有重要事情时，我上床前要调好两个闹钟。错误还是会发生的，但是爸爸告诉我要多核查，这样就可以避免99%的愚蠢的错误。

老爸简评：

这条家训虽然可能来自我的一些告诫，但更像是时辛的教诲。沈岳是一个比较粗放的人，不管到什么地方都是大大咧咧的，从来不拘小节。从高中开始他经常外出参加比赛，有时是我们全家陪伴，有时是他和教练外出。高中时期，当然还要参加不少同学、朋友的聚会。许多时候，沈岳的日常家务事宜是由时辛来操办的。

我自己也是一个粗心大意的人，生活中因为小疏忽而犯错误的“笑话”也有一大堆。沈岳到了大学，我们无法在他身边，所以“反复核查”成了我们和他交流时的口头禅。

“反复核查”还包含着做事要当心的意思。在美国快节奏的生活氛围里，许多事情的决定是在瞬间做出的。如果没有反复核查这个习惯，小事如学校作业的质量，中事如生活中待人接物的人际关系，大事如人生和职场上的重大决定，一不小心就可能出乱子。

在这条经验上，我应该和沈岳共勉。

第五，接受新思想

我的爸爸为自己思想开放，能容纳各种观点感到自豪。我曾对他说，你不喜欢听我喜爱的RAP音乐是因为“你不懂得音乐”。他没有让我闭嘴，而是要我解释给他听为什么我喜欢这种音乐。所以我就写了一篇文章来告诉他RAP音乐的起源，以后他就慢慢喜欢这种音乐了。

我并不期望他会像我那样喜欢这种音乐。但是他把这件事和朋友交流，并且一直在各个场合谈论他学习这种音乐的体会。我们这里的许多家长从来没有鼓励孩子来教他们（家长）任何事情。但是我爸爸是例外。当爸爸这样做的时候，他也给我上了一课：**你不是什么都知道的，所以你要头脑开放接受新思想。**

老爸简评：

沈岳的这个总结真的是太好了，让我觉得有点“受宠若惊”、受之有过。我这么说是有原因的。

作为一个教育人，你一定要有开放的头脑，认真学习新知识、新思想，否则如何在这个新世界做一个教育者？但我不是一个很好的新思想的学习者。在美国多元文化的环境里，我有很长的一段时间更像是一个固执的老夫子。

实际上，在相当的一段时间里，我就是一个思想僵化、自以为是的老顽固。

沈岳在“磁带风波”中一句“你不懂音乐”给我上了一堂课，把我自以为是的僵化面具毫不留情地撕了下来。他那篇“声讨”我强迫他做回家作业的“檄文”，更是把我这个自诩为“搞教育”的父亲驳得“体无完肤”。

在思想开放方面，与其说是我“教育”了沈岳，不如说是沈岳给我上了一堂教育课：不懂不要装懂。如果身上没穿衣服，哪怕你是“皇帝”也会有人说实话！不要以为自己有了点知识就有多么了不起，任何人都可以做我们的老师。有时我们拿到了高等学位，就觉得自己是专家，反而使自己更加故步自封、思想僵化。

沈岳就是我的好老师，同时我也庆幸他接受了我的“教诲”。

第六，推销真理

人们不会仅仅因为你说的是真话就自觉地听从你。

在大部分时间里，重要的信息并不能很有效地传播给人们，并使人们因此而获益。作为一个追求进步的教育人，我的爸爸努力地把家庭教育的真理推销给那些思想相对比较保守的中国家长。对带着不同家教理念来到美国的中国家长来说，理解、接纳和欣赏不同文化观念是需要一些胆量的。我的爸爸努力让其他的家长对他的家教观念感兴趣，并且能够接纳。从我个人的经历来看，我看到过许多人有“好”的主意，但是没有办法让别人接受。所以，我总是记住爸爸告诉我的话：**你一定要努力推销真理**。

老爸简评：

十多年前，我去墨西哥首都墨西哥城参加一次国际教育会议。在其中一个教育论坛上，我听到一位南美发展中国家的基层教育工作者说，一个好的教育者就是一个好的推销员，你要努力不断地推销这样一个真理：所有贫穷的孩子都有权利也都必须接受最好的教育。

这位基层教育工作者长期在南美洲的一个发展中国家的贫困地区推广学校教育，帮助那些最需要接受教育的贫穷家庭的孩子获得良好的教育。她说她要花很大的精力来推销一个非常简单的常识：每个孩子都需要接受基本的教育，就如同他们需要每日三餐那样。没有食物，他们的身体会不健康；没有教育，他们的心智也会不健康。如果你不能尽力推销这个真理，你就不是一个称职的教育人。当我听到她对教育者做出如此的定义，真可谓是醍醐灌顶！

这个报告给我留下了深刻的印象。再好的真理如果没有人知道，没有人接受，没有人推广，没有人实行，还是一句空话。

后来有一段时间，我就以“推销真理”作为自己积极参加社区活动的动力。回到国内与教育同行者交流时，我也经常提到这样的教育理念。同时，我也经常在公共媒体上发表文章与读者分享交流自己的思想。我时常用这句话鼓励沈岳多与他人交流，如果有什么好主意，要大胆有效地分享。

“推销真理”也是我写作这本书的主要动力之一。

第七，尊重传统和权威

当我和爸爸讨论诸如教育和儿童成长等话题时，我总是提出一些比较激进的“美国式”的观点。爸爸知道我只是在与中国文化观念唱对台戏，他就会温和地提醒我许多“传统”教育观念在中国已经有几千年的历史了，所以这些理念肯定有它们的道理。爸爸的话也提醒我了一点：当我们找到了新的思想时，不要把旧的观念随手就丢掉。过去的东西，总是有它的价值的。

我现在认识到了爸爸的智慧——传统是经过许多年和许多人的共同努力发展起来的，我们可以从中学到许多东西。

老爸简评：

我完全没有想到这也是一条老爸的教诲。我常和朋友戏言，大学毕业之后的沈岳大概30%是中国人，70%是美国人。

实际上，看看沈岳的许多言行，特别是他的个人博客文章以及那令人震惊的博客标题——逆袭艺术（The Art of Ass-Kicking），我有时笑称：沈岳是一个120%的美国男孩。当然，沈岳是在中国苏州出生的，他的中国根是永远不可能改变的。

沈岳在中学读书时，我经常对他说，如果你继承了中国社会几千年深厚的文化底蕴，又包容了美国社会的开拓创新精神，你就走遍天下无敌手啦。现在看来，我这话说得太大了！在国内成长起来的我们这一代家长，都没有学到多少中国文化的底蕴，更何况在美国成长起来的下一代。在学习和领悟中国深厚的文化底蕴方面，华裔家长自身还有很长的道路要走。

我一直告诉沈岳：你极其幸运地生活在这个东西文化平等交流的历史时代，以你的知识、才华和勇气，你可以，也应该给这个社会做出应有的贡献。

沈岳的那首《非正式的中国国歌》就是他当时从国内体操训练回来之后不久创作的。他对中国文化的深爱在十年之后没有淡化，而是转化成更深层的尊重，这远远超出了我的期望。

沈岳的中国心是非常强健的！

第八，知识需要实践

尽管我的爸爸高度重视知识、学习和教育，但是他认为仅仅掌握知识是不够的，你必须要行动。

几乎所有的人都知道要想保持健康应该做的事情是多吃水果和蔬菜，不吃垃圾食品，有充足的睡眠时间，每周有数次的活动。但是有多少人真正在运用这些知识保持健康的生活状态？我还没有看到有足够的人在身体力行！

我的爸爸设法把他所学到的教育理论运用到家庭教育和教学实践中去——他以身作则给我树立榜样，让我不仅做一个学者，也要做一个实践者。

老爸简评：

好小子，这一点切中要害！知识固然重要，但是不实践就完全是一句空话。对我这样一个教育人来说，教训不可谓不深刻。这个道理与其说是我教给沈岳的，不如说是他给我的“教诲”。

当我对沈岳不讲道理大声吼叫时，我就把自己所学到的教育基本原则完全抛在脑后。不懂不能装懂，不懂就要不耻下问。教育人要为人师表。作为一个教育人，如果我不能运用这些最基本的知识来教育自己的孩子，那有什么资格来承担家庭教育研究的重任呢？

当我告诉沈岳学习是人生最重要的内容之一时，我自己就要身体力行，把学习和实践放在日常生活的重要位置。同样，如果我对沈岳说身体健康是生活的保证和基础，我就要把我所学到的有关健康的知识运用到生活的方方面面。我一定要有充满活力的健康的体魄和心灵！

家庭教育的道理就是要尊重孩子的个性，维护孩子的健康成长。我真的要好好谢谢沈岳，他以他的反抗和批评精神促使我、监督我运用这些本来就不需要高等学历就能够掌握的教育理念。知识不是用来装饰门面的，它只有在运用中才有价值和生命力。斯坦福大学教育理念中最重要的一条就是：培养智力上生机勃勃的学生。

第九，找到平衡

正像一张只有三个脚的正方形桌子那样，一个人如果没有平衡力是不可能长久站立的。真正的成功来自你自己、你的职业和你的家庭。如果一个方面感受到压力，其他方面就会开始晃动。所以我的爸爸总是告诫我要在生活中找到平衡——这是一个降低成本、提升效率、减少压力的好办法。

老爸简评：

这是一条需要时间和经历才会领悟的道理，一般年轻人是体会不到的。

我也是从几十年多变和动荡的生活中慢慢体会出来的。

当年在农村插队时，生活很艰难，我看到不少一起下乡的同学开始失去人生的支撑点，有的心灰意懒，有的心理失常，有的牢骚满腹，但是我慢慢地找到了生活的重心和平衡点。虽然现在看来，那只是比较低层次的求生之道。我首先注意保持身体健康，同时抽空学习书本知识（自学英语和阅读书报），充实自己的头脑。此外，我也一直和乡村农民保持良好的关系。

有了这种心理的平衡，我就慢慢地找到了生活上的平衡。到 1978 年大学的大门又重新开启时，我稳步地抓住机会，昂首挺胸地通过高考走进大学。

在大学学习时，我继续注意锻炼身体，保持高昂的学习热情，同时与全班同学保持良好的关系。因此，我每年都在班级无记名投票中以最高票数当选为班长，并被评为学校“三好学生”。参加工作之后，我继续保持这种全面发展的理念，在学习、工作、家庭及人际关系方面努力做到平衡。到了海外，我仍然坚持这种整体的生活理念。此后，我又把这些综合发展理念提升为整体家教观念，并逐渐拓宽成可持续发展的终身全人发展教育观。

沈岳的体操比赛让我看到了整体平衡发展的优势。男子体操有六个项目，当然最重要的是男子全能比赛成绩，而全能比赛成绩就是看一个运动员的整体能力。沈岳上了高中之后，我非常注意让他在各个方面都保持良好的发展。表面上看，他似乎没有在某一门专业课程方面有非常突出的能力，但是从整体上看，他是一个全面发展的优秀学生。我想这正是他被斯坦福大学择优录取的最重要因素之一。

从沈岳各方面的发展来看，他也是一个“全能运动员”。

第十，庆祝你的成功

毫无疑问，我爸爸工作勤奋，并时刻抓住机会学习。但是他也会庆祝我们的成功。

我并不是一个特别喜欢参加聚会的人，我的爸爸也是如此。但是，有时他也强调要庆祝我们的成功。他说，并不一定要等到人生中发生了大事（如得了金牌、获得奖赏或者从学校毕业），才来举办庆祝活动。生活中的小事也值得我们去庆祝，庆祝的方式可以是在睡觉前读一个故事，全家一起吃晚餐，一天劳累之后男人之间的亲密交谈。如果在辛劳之后没有机会获得工作的奖赏，那劳动还有什么意义？

他知道人生是短暂的，所以我们要找时间来庆祝。

老爸简评：

我很高兴沈岳能够总结出这样一条教诲，因为这也是我这些年正在反思的一个教训。

我们这些从20世纪50年代成长起来的一代人，从来就没有太多值得庆祝的经历。童年时经历了所谓的“三年自然灾害”，读中学时又遇到了“文化大革命”，“上山下乡”不得不从事繁重的体力活，我算有幸考取大学并获得了“体面”的工作。但是我一毕业就要急匆匆地成家立业，上有老下有小，同时还要在事业上拼搏。每每获得了一点成绩，前面又有更大的、更迫切的人生目标等待着我们。

“把失去的时间抢回来。”这是我们那一代人的口头禅。

我自己的家庭成长环境本来也是比较严肃的，我想这在当时是一个常态。现在回想起来，我痛切地感到我父母那一代人真的很少有机会庆祝人生中本来就很少的快乐之事。我们家几乎从来没有庆祝过生日，最多也只是晚餐从吃粥改为吃面。我父亲从来不提他自己的生日。在我的记忆中，他从不参加任何娱乐活动，也从来没有带我们外出就餐。

我人生前35年中（也就是出国之前）就没有参加过一次个人庆祝聚会。我们当时的生活基本上就是“以苦为乐”的哲学。正因如此，情窦初开的儿子听一首轻松愉快的爱情歌曲，我自己听不懂，还要大发淫威，几乎“狠下毒手”，这不是心理变态，又该如何解释呢？只是步入中年之后，我才蓦然觉得光阴如梭，难道要等到了人生暮年才去庆祝吗？

有时我发自内心地对沈岳感叹道：你们现在是多么幸福。身体好、学习好、工作好、家庭好，这样的生活难道不值得我们庆祝？难道一定要等到中了大奖、考了名校、发了大财、升了大官才去庆祝吗？活着就是美好的，活着就要感恩！套用美国人的一句话：活着就要“数数你的福分”（Counting your blessings），活着就要庆祝，“活着就是王道！”

第十一，努力就有成效

我的爸爸一向工作勤奋。他告诉我，努力工作的信念流淌在中国人的血液里。当中国劳工来到美国加州海岸时，他们受到了难以容忍的歧视，所谓的“罪状”就是比所有人更加努力工作（而且得到比大多数人要少的报酬）！

我们家在这个国家之所以获得成功，主要就是我们愿意努力工作。当我的考试成绩不好时，爸爸总是问我是不是尽了最大的努力，是不是下了最大的功夫来学习。如果不是这样，那我就有可能获得更好的成绩。我在专业学习、体育训练比赛和工作中都是奋力向上的，**因为我相信只有努力工作，就会有成效。**

老爸简评：

这是沈岳给我的很高的评价，我觉得有点受之有愧。

应该说我们这批在20世纪80年代后期和90年代初期来美国的华裔，许多是身无分文、赤手空拳的。我来美国时只带着用夫妻两人结婚之后所有积蓄换成的600美元，到了波士顿之后，第一个月就交了300美元的房租。

当时每天就只有两件事：到学校上课，下课后去找活干。每天半夜回到家之后先是数数今天挣了多少钱，然后倒头就睡。周末也是打工，连晚上睡觉（在老人公寓睡觉值班）都是在打工。这样的工作节奏持续了十多年。

令我感到特别欣慰的是，沈岳记住了我时常告诉他的有关华人来美国当劳工的悲惨生活。当然，我和沈岳经常提起这些早期华人劳工艰辛的经历，还有另一层用意——我们要以吃苦耐劳为荣，知道如何通过提升自己的实力来保护自己，并为自己和社区获得应有的地位而奋斗。沈岳工作之余到秘鲁旅行时，在一家华人餐馆吃饭巧遇一位国内来的女老板，两人畅谈之后，他还专门写了一篇感人的、图文并茂的博文《“吃苦”创业》。我看了之后，感动地流下了眼泪。

吃苦耐劳是中华民族几千年立足于世界民族之林的本钱。有了这个本钱，再加上好学求知、开拓进取、自信自强的整体实力，何事不成？

第十二，保持谦逊

不管你如何突出，总会有人比你还要优秀。爸爸告诉我：自我吹嘘是浪费自己的口水，如果你自以为已经知道所有的答案，那你就错了。不管你是一个赢者还是一个败者，每个人都喜欢有一个通情达理的竞争者。

如果你是一个谦逊的人，人们很可能会更加尊敬你，乐意与你交流，并喜欢与你做伴。除了人际关系之外，如果我们意识到自己生活在一个幅员辽阔的国家和广阔无边的宇宙，那么我们也应该有一种谦卑的意识。

我们都是一个宏大体系中的极小的分子。每当我想要匆匆开口说话，或者想要吹嘘，把自己看得很像一回事时，我就用爸爸的话来提醒自己：保持谦虚。

老爸简评：

刚刚还在显示中华民族吃苦耐劳的实力，马上就来谦虚一番。沈岳对中国文化中的阴阳互补之道，真的是学得不差啊。

美国文化中有许多令世人景仰的优点，如充满自信、敢于开拓、力求创新等，但是其缺点也同样很显眼。其中，“自以为是”可能是世界公认的缺点之一。在2014年的一次民意调查中，仍然有30%左右的美国人认为美国优于世界上所有国家。不管怎么说，美国大部分年轻人自我感觉“特好”是一个基本事实。

沈岳从小就以“好动”而“出名”。初中之后，他的体操技能和专业成绩让他自我感觉越来越好。高中时代，他“特好”的自我感觉可能到了顶点。

到了斯坦福大学后，他继续保持着高度的自信心，同时学会了谦虚。特别是与这么多专业学习和体育运动兼优的学生为伍，他自然也把心态调整好了。

具有整体实力，自尊自信，崇尚吃苦耐劳，又敢于挑战创新，还能保持谦虚，我这个爸爸对儿子的前途和发展还有何担心呢？

后记：此书初稿完成前一周，我偶遇了工作单位已经退休数年的同事艾伦。他的侄女比沈岳早一年（2003 年）就读于斯坦福大学。艾伦一直非常欣赏沈岳自主学习和健康成长的经历，也是我的同事中第一个购买沈岳的书《斯坦福大学精神》的人。他高兴地告诉我，他的侄女最近克服了重重心理、学习和其他方面的障碍，在拖延近十年之后终于修完所有课程并获得了斯坦福大学的文凭。他告诉我，因为父母早年离异，他的侄女一直由母亲抚养长大。她的母亲常年酗酒，有时连日常生活都不能自理，因此他和妻子多年来一直设法帮助照料他的侄女。我们一起聊天时，我告诉他沈岳的近况，也提到了沈岳曾送给我的这份父亲节礼物。他提出一定要拜读，我考虑到他是沈岳的"崇拜者"，就答应了。因此，艾伦成为我们家庭之外第一个阅读这本电子书的人。下面是艾伦写给我的读后感慨：

这本电子书使我热泪盈眶。对你和你的妻子来说，沈岳是一个非常优秀的人和儿子。我多么希望你的智慧和人生阅历能够在这个国家和世界被广泛接受并得到欣赏。我们所有人都能够从中得到益处——生理上、心理上以及精神上。我的朋友，你的人生准则定得很高，作为你的朋友，我仰慕你、敬佩你，并且努力每天以你为楷模。

亲情交流之重要性

能够有效地交流和沟通是当代职场和生活中一项非常重要的技能。史蒂芬·柯维在《成功人士的七个习惯》一书中提出了倾心交流的一个最重要原则，即给予交流谈话对象足够的"心理空气"。这种心理空气的本质是"以诚待人，平等交流，先求理解，后求影响"。

人类社会的沟通有多种目的，其中最常用和最主要的目的是为了加深理解，增进感情，保持健康生活。

通过交流，我们不仅可以理解孩子的需求，也能与之产生共鸣。通过与孩子一起学习成长，共同参与家庭和社会生活，在加深理解的同时，我们与孩子之间的沟通渠道也会日益畅通宽广，感情上的交流和沟通也会更加自然和流畅。我们自身的生活也会因对孩子以及青少年文化的理解和欣赏而变得更加丰富多彩。

如果我们与孩子之间保持了畅通的交流沟通，就会对孩子生活、学习和社交上的需求有比较细腻的了解，就能比较主动有效且含蓄地来帮助孩子。这既维护了孩子的个性和自尊心，又及时给他们提供了应有的保护和支持。

当今时代文化观念发生着巨变，我们的孩子在成长中承担着双重挑战，既要适应父母一辈文化中的处世传统，又要学会新的社会文化的“游戏规则”。他们很可能因为某些意想不到的生活小事而陷入文化意识转换的误区以致无比烦恼，甚至苦苦挣扎，最后迷失自我。这时父母与孩子真诚的沟通对孩子的健康成长至关重要。虽然我们的孩子生活在一个尊重个性、强调自主的社会文化环境中，在成长过程中会不断地挣脱父母的束缚，追求独立思考和行动。但是心理学家告诉我们，在许多时候，孩子从心底里还是非常希望得到父母的关怀、帮助和赞同的。父母如何在孩子成长中与他们保持亲密的关系，是非常关键的。

如果我们与孩子融洽、真诚地交流，并保证交流中有充足健康的“心理空气”，那么他们就会很乐意与家长和其他长辈沟通，并在沟通中不断学习。我们的孩子就会对这个世界充满积极的自信，并对他人怀有诚意和同情心。这对孩子和我们自己（家长、教师和其他成年人）来说，都是极为有利的。而我们的孩子也完全可以成为我们的老师。拜我们的孩子为师，不断沟通学习，与我们的孩子共同成长有下列四大优点：给我们的孩子一个培养自信、丰富才能的锻炼机会；给我们的孩子一个自我学习、不断上进的实践机会；给我们与孩子一个互相沟通、增进理解的交流机会；给我们家长自己一个既做老师又做学生的成长机会。

家长费尽心机地送孩子进名牌大学读书深造，不就是为了让他们得到最好的教育吗？那么，拜孩子为师，做他们的学生，不就能使他们所获得的精英教育得到更多更有效的回报吗?

如果我们在与孩子真情沟通时，能够不失时机地加入一些中华文化的核心价值观，如重视教育、坚守家园、以仁为重等，岂不是一个最好的多元文化融合和教育的机会吗?

孩子是初升的太阳，是我们的未来，是家庭爱情的结晶，是我们生命的延续。与孩子真情愉快地交流沟通，共同快乐地学习成长，享受家庭的天伦之乐，探索人生成长的真谛，服务我们的社区家园，这不正是我们孜孜以求的成才、成功、成人的教育吗?

结束语 “源浚者流长，根深者叶茂”

寻根追源知家底

2012年年底，沈岳回家与我们共度圣诞和新年。他提出要专门与我和时辛谈话，以了解我们各自家庭的情况。我和时辛都感到有些惊讶，但还是极其愉快地答应了。

对我来说，这更是一份惊喜。我一直在思考如何找到适当的机会给沈岳系统地讲述我们家庭祖辈的情况。对第一代海外移民家庭来说，如何帮助我们的下一代“寻根思源”，是一个既现实又沉重的话题。

沈岳出生在中国苏州，本来我是不太担心他的寻根思源问题的，毕竟他的故乡在中国。但是他在美国长大并接受了从幼儿园到研究生差不多20年的正规系统的美国文化教育，尽管他也上了十多年的周末中文学校，在18岁前从来没有脱离过我们的家庭（我与沈岳只有在我第一年到美国时分开了一年时间），但是他的整体思维模式和知识结构主要是美国社会文化铸成的。这是美国优质学校教育的必然结果。这是一个我们所有居住在美国的家长所应该欣然面对的现实。

从整体上来说，作为一个双文化语言教育的信奉者，一个接受了全方位中国社会文化的教育人，一个坚信中国文化能够在世界文化之林占有重要一席之地的知识分子，我是一定不会让沈岳失去他的“中国根”和“中国心”的。

但是作为一个接受了美国人文主义教育的父亲，我也清楚地知道沈岳是一个独立自主的求知者和行动者，对他而言，只有他自己“主导”的教育才是最有效的。

2008年我们全家回国探亲，并到北京观看奥运会。在我们回到故乡苏州时，沈岳主动提出到我当年下乡插队的地方看看。沈岳回来之后发表了一篇博客文章，题目就是《生活中没有什么东西是值得抱怨的》(*There's Nothing to Complaint About*)。博客使用的照片就是我当年插队时同劳动的农民聊天的照片。

这篇博客的最后几个段落这样写道：

每当我遇到困难或者抱怨什么事情时，不管是做回家作业还是错过我最喜欢的电视节目，我爸爸总是有不同的看法。

他会说：生活是美好的。我们身体健康、快乐，有自己的家，有自己的床睡，还有新鲜美味的食物。

当我成年后，我也开始理解了爸爸的人生观。与他的青年时代相比，现在美国中产阶级的日常生活就像是在天堂里。我现在也到了爸爸当年从农村回来时的年龄，正在体会着我们的人生实在没有什么可以抱怨的生活。

这么说来，数年之后，沈岳想要进一步知道他的祖辈的人生故事似乎也是顺理成章了。

我和时辛各自与沈岳畅谈一晚，沈岳把我们的谈话分别录音，同时在听我们讲述时又做了不少记录。我和时辛都是在苏州长大的，虽然都出生于知识分子家庭，但各自的家庭也有许多酸甜苦辣的故事。

时辛告诉沈岳她的父亲出身于中小商人之家，但是到我岳父上学时，家道开始败落。岳父从小认真好学，毕业于著名的苏州高中。因为他体弱瘦小，所以励志要锻炼身体，长大做医生。从医学院毕业后，他长期担任地方主要医院的内科主任，医术高超，待病人如家人。尽管工作岗位多次变动，但是他每到一地，往往就会自然地得到极好的口碑。他在“文化大革命”时被下放农村，60多岁高龄被迫在冬天冰冷的水里干农活。工作到70多岁之后，他退休淡泊度人生。我们来海外20多年一直保持通信联系。他每次写信，都在4～5页纸上密密麻麻地写满家事和国事。我们读了之后，感到无比的亲切。直到前几年他以近百岁高龄平静地去世。他是具有中国文人风范的“豪杰”，来美国看望我们时，曾主动给我们撰写了“饮水思源”的横幅。

时辛的母亲虽然出身于比较殷实的商业家庭，但是她从小就被家里安排做学徒，并没有机会享受大家闺秀的生活。我岳母1949年之后学习医学，成为中医眼科医生。“文化大革命”中被下放到一个小岛渔村去做“赤脚医生”。她经历了如此多的磨难之后，仍然关爱照顾着每一个家人和小辈，唯独很少想到要照顾她自己。我和婴儿期的沈岳在国内的时候，都得到了她无比细腻的关爱。我岳母是中国文化中贤妻良母的典范。

我父亲是一个兢兢业业、两袖清风、一身清贫的知识分子。他出生于城市贫民家庭，母亲是盲人，父亲靠做灯笼维持家庭生计。父亲学习刻苦勤奋，但是由于家庭贫困，小学毕业就失学了。之后通过学徒工所得上了中学，为了不让他人知道，只得长期隐瞒年龄。他高中毕业时获得当地联考高分，但是因为没有能力支付高昂的学费而就读于免学费的省立教育学院，最后凭借自己扎实的外语底子和超强的自学能力被聘为外语教授，成为20世纪50年代初期江苏师范学院（现在的苏州大学）的创始人之一。父亲长期担任主持这所高等学校的外语系管理与教学工作，60多岁时不幸患膀胱癌，经历了膀胱全切除手术，尿道改道由体外排出。但是在身体基本康复之后的第二年他就坚持上班工作，直至十年后癌症复发转移病逝。我到美国不久，曾以他的名义在他工作了大半辈子的苏州大学设立了两个青年教师奖金名额。

我母亲出生于江苏北边一座小城镇的商业家庭，有幸毕业于当地的高中，极富数学才华。高中毕业时，她想到上海著名高校攻读数学专业，但是被家里明确告知：如果你是男孩，我们就供你上大学。最后，母亲通过自己的努力，也上了父亲就读的学费全免的教育学院。我母亲家里要她放弃读书回家成婚，她告诉家里：断了这个念头，我比他（所谓的“未婚夫”）当年中学的数学成绩强多了，根本不值得嫁给他。我外婆为此痛哭不已，认为我母亲把这个家里的“脸面”丢尽了。母亲自作主张与父亲在外地结婚成家，家里生活安定下来之后，即把我外婆接过来抚养直至去世。母亲晚年坚持散步和打太极拳，并关注着我们家里四个子女的事业和家庭。虽然最后因患失智症而长期卧床不起，但是她仍以近百岁高龄去世。只要与沈岳谈起我的母亲，他就立刻回忆起奶奶年轻时所表现出来的自主决断和张扬个性。

审视我和时辛两个家庭的文化遗产，乃至审视我们中华民族的文化遗产，其中最为核心的就是家庭和重视教育。中华文明能够在这个如此动荡不安、丛林法则主宰的世界里屹立了数千年而再次脱颖而出，家庭和教育就是其连绵不断的法宝。

东西兼容志气毫

我们给沈岳讲完自己双亲的故事之后，感慨地对他说：你的祖辈都是中国文化优秀品质的代表人物，你有如此强大的家庭文化基因，再加上所拥有的美国精英文化知识和能力，你应该具有无所畏惧的胸怀和舍我求谁的气概。

我经常告诉沈岳：作为华夏子孙，你是极其幸运的。我们中华民族五千年的文化遗产，是我们所有华人的骄傲和后盾。

当然，我们也知道，沈岳已经跟随我们离开了他出生的土壤，在新的环境里求生存、求发展。沈岳的根已经延伸出我们当时给他提供的土壤，他已经在全新的土壤里生根了。他要在一个全新的环境里长成一棵大树，要在一个全新的世界里营造出一个他自己的人生。

沈岳虽然得到了名牌大学的毕业证书，但那不是一张人生保险单。如果哪个读者希望从这本书中找到获得人生保险单的秘诀，那他可要失望了。

写完此书的初稿之后，我还在不断地问自己，我所描述的沈岳的成长过程对读者是否具有教育意义?

我妻子经常半开玩笑地对我说:“每当说了三句话，就要提到你的儿子沈岳，你怎么这么爱‘吹’沈岳呢?”对此，我也经常扪心自问，沈岳到底在什么方面让我这个父亲如此钟情，以至一定要为他“出书立传”?

仅仅因为他是我的儿子，一个活泼好动的孩子，一个聪明能干的儿子，一个曾经的“体操王子”，一个名牌大学的毕业生，一个阳光灿烂的男孩子，一个自信自强的男子汉?老实说，这些都是个中原因，但不是主要原因。

志在成长主动学

我想最主要的原因是沈岳30年的成长，让我这个作为教育人的父亲看到了一个有血有肉的生命如何在东西文化交融的家庭环境中生长发育、求知求才、战胜困难、潇洒快乐、立业创新、自主成长。

沈岳在十几年的体操生涯达到巅峰时，不幸摔到低谷，但是他顽强地重新站起来，并攀登上了人生道路的一座又一座高峰。这是一个真正人性化、个性化，但并非一帆风顺的成长过程，又是一个快乐成长的人生旅程。

当我第一次在教育学院的课堂接触到西方人文主义教育思想时，我本能地产生一种抵触情绪。我们中国的教育思想如果从春秋时期的孔子算起，不是也已经有两千多年了吗?

如果说中华民族的传统教育思想无法以一言概之，那么近千年来广泛流传的《三字经》开场的几句话早已成为我家教思想的座右铭。

人之初，性本善。性相近，习相远。苟不教，性乃迁。教之道，贵以专。

昔孟母，择邻处。子不学，断机杼。窦燕山，有义方。教五子，名俱扬。

养不教，父之过。教不严，师之惰。子不学，非所宜。幼不学，老何为。

玉不琢，不成器。人不学，不知义。

短短84个字里面，5个“教”字和4个“学”字不是精确地概括了中国文化传统教育思想中（家长 / 教师）“教”与（儿童 / 学生）“学”的精髓了吗？

“养不教，父之过。教不严，师之惰。”家长和学校教师的“教育”职责也不是交代得一清二楚了吗？

我们这一代家长自己不就是这种教育思想的受益者吗？中华民族难道不是这种教育思想的受益者吗？

20世纪80年代，中国著名学者和翻译家傅雷教子的故事通过《傅雷家书》广泛传播，成为当时家教的经典事例。尽管傅雷在给傅聪的家信中反省了自己过于严厉的家教风格，并为自己有时不近情理的家教行为而自责。但是我想大多数读者最终看到并记住的只是傅雷如何尽心尽责地帮助其儿子傅聪成为一名音乐大师的成功之路。

数年前，耶鲁大学华裔教授蔡美儿也以其类似的严酷家教故事被《华尔街日报》炒作之后一举成名。虽然这引起了广泛的争议，但是当蔡美儿的两个女儿都先后考取常青藤大学之后，那些对她的批评意见似乎也就逐渐淡化了。

孩子“成才”或“成功”的目的既然达到了，那么在这个成长旅程中所付出的代价和家教策略上的失误，似乎可以忽略不计。

或许这就是我们在传统社会里生存、成家和立业的必要教育准备。这种教育所关注的只是能够在这种传统环境下生存的受益者，那些不能适应这种教育体制的“失败者”往往被忽略不计，最多只发挥了作为“成功学子”的陪伴和铺垫的功能。

但是，沈岳不具备传统教育理念的学习者的特点。他不是那种循规蹈矩的学习者。在传统的学习环境中，沈岳注定是一个学习上的“失败者”。

沈岳的成长过程，颠覆了我过去所奉行的教育思想和实践。

如果说产生于传统社会的《三字经》教育思想，有其深厚的经济、文化和社会基础，我们是否可以说这是“旧常态”的教育？这种教育理念现在是否应该被我们反省和扬弃呢？

沈岳至今还没有成为一名功成名就者（传统意义上），这或许是一件好事。他仍然在自己所选择的人生道路上潇洒、欢快、努力、健康地前行！

一个快乐的孩子，一定要有一颗快乐的心灵！一个身心健康的生命，一定要孕育于一个健全的生活环境中！如果孩子的成长道路是健康和富于人性的，那么他要学习的愿望就像其生长一样，是任何人也阻挡不了的。家长的任务就是要为孩子尽量扫清学习道路上的障碍，提供最良好的学习环境，同时尽可能地让孩子主导自己的学习过程。这就是以儿童为中心的教育理论。

孩子的个性会有变化，学习需求会有变化，生活环境会有变化，学习和成长中会遇到新的挑战。如此而言，教育就是一个互动的、变化的、全面的、可持续性发展的过程。教育的理念和形式，也应该是与时俱进的。

整体家教放光芒

沈岳的学习和成长经历，给我提供了一个全人教育的理念和实践。

如果说在过去因为人类生存的自然和社会环境，家长必须担当孩子的首席和首要教育者，那么当今世界日益多元和变化的环境，要求我们的孩子应该成为他们自己的首席学习者。学习的一切是围绕孩子来进行的。家庭教育的主要角色应该逐步从家长——首席教师转移为孩子——首席学习者。这个转移的过程，实际上包含着双方交流沟通的过程，也是一个共同学习多元文化从而达到兼容并蓄、有容乃大的过程。

只有保持身心健康，培养孩子自学、自信、自强、自立和可持续的教育过程，才能让每一个受教育的学子，拥有一份真正的人生保险单。孩子能够持续健康成长，哪怕是遇到了挫折和失败，他们也会有自信和自强的实力站起来，充满毅力和勇气地走在人生的道路上。

与我们的孩子共同学习成长。当我们的孩子成人时，我们自己也真正成人了！

如果沈岳成长的故事能够让读完本书的读者关注下面任何一条整体家庭教育理念，那么作为一个全人教育的推广者，我就感到无比欣慰了。

第一，每个孩子的生命和生活都应得到包括家长在内的所有成年人的尊重。

第二，每个孩子的个性和生理特性都是不一样的。

第三，每个孩子都是要学习的，这是他们生命和生活的一个有机部分。

第四，每个家长都是他们孩子的首席教师和首要学生。

第五，每个家长只有与孩子保持沟通和理解，才可能给孩子提供一个优良的成长环境。

第六，每个孩子的学习和自身成长应该是良性互动的。

第七，每个孩子的主动学习兴趣是成长的最好动力。

第八，自信和自强是每个孩子健康成长的最好的精神疫苗。

第九，终身学习和整体发展是孩子不断进取和可持续成长的原动力。

第十，家长和孩子的亲情交融、共同学习和成长，是每个幸福美满的家庭的保证。

2016 年 7 月初稿
2017 年 11 月定稿

图书在版编目（CIP）数据

最好的教育在家庭：斯坦福创业男沈岳成长启示录 / 沈安平著 . —上海：华东师范大学出版社，2017
ISBN 978–7–5675–7203–4

Ⅰ. ①最 … Ⅱ. ①沈 … Ⅲ. ①家庭教育 Ⅳ. ① G78

中国版本图书馆 CIP 数据核字（2017）第 278522 号

大夏书系 · 家庭教育

最好的教育在家庭

——斯坦福创业男沈岳成长启示录

著　　者　沈安平
策划编辑　朱永通
审读编辑　任媛媛
封面设计　百丰艺术

出版发行　华东师范大学出版社
社　　址　上海市中山北路 3663 号　邮编　200062
网　　址　www.ecnupress.com.cn
电　　话　021－60821666　行政传真　021－62572105
客服电话　021－62865537
邮购电话　021－62869887　地址　上海市中山北路 3663 号华东师范大学校内先锋路口
网　　店　http：//hdsdcbs.tmall.com

印 刷 者　北京密兴印刷有限公司
开　　本　700 × 1000　16 开
插　　页　2
印　　张　14.5
字　　数　195 千字
版　　次　2018 年 1 月第一版
印　　次　2019年3月第二次
印　　数　6 101-9 100
书　　号　ISBN 978 – 7 – 5675 – 7203 – 4 / G · 10793
定　　价　45.00 元

出 版 人　王　焰